新媒体时代的国际传播研究

赖 丹 著

北京工业大学出版社

图书在版编目（CIP）数据

新媒体时代的国际传播研究 / 赖丹著. — 北京：北京工业大学出版社，2022.4
ISBN 978-7-5639-8326-1

Ⅰ．①新… Ⅱ．①赖… Ⅲ．①传播学－研究 Ⅳ．①G206

中国版本图书馆CIP数据核字（2022）第071521号

新媒体时代的国际传播研究
XINMEITI SHIDAI DE GUOJI CHUANBO YANJIU

著　　者：	赖　丹
责任编辑：	张　娇
封面设计：	知更壹点
出版发行：	北京工业大学出版社
	（北京市朝阳区平乐园100号　邮编：100124）
	010-67391722（传真）　bgdcbs@sina.com
经销单位：	全国各地新华书店
承印单位：	河北赛文印刷有限公司
开　　本：	710毫米×1000毫米　1/16
印　　张：	11
字　　数：	209千字
版　　次：	2022年4月第1版
印　　次：	2022年4月第1次印刷
标准书号：	ISBN 978-7-5639-8326-1
定　　价：	72.00元

版权所有　翻印必究

（如发现印装质量问题，请寄本社发行部调换 010-67391106）

作者简介

赖丹,女,1981年10月出生,广西壮族自治区桂林市人,毕业于中国传媒大学,硕士研究生学历,现为桂林旅游学院讲师。研究方向:国际传播、跨文化传播、媒介素养。主持并完成广西壮族自治区科协课题一项,发表论文若干篇。

前　言

　　信息技术的发展和网络的普及,为我们的生活带来了极大的便利。同时随着科技的不断发展,信息传播的方式发生了极大的改变,新媒体逐渐成为当今信息传播的主要手段。在新媒体的环境下,我国众多媒体类型正在不断增强自身的传播力,并不断增强国际传播的能力,从政治、经济、文化等多个方面向全世界展示更加立体、多元化的现代中国。

　　全书共七章。第一章为绪论,主要包括新媒体概说、新媒体的核心理念、新媒体的传播模式、新媒体特性与国际传播等内容;第二章为国际话语权与国际传播,主要阐述了国际传播与国际关系、国际传播与国际话语权、当代国际传播格局等内容;第三章为中国媒体国际传播的历史与现状,主要阐述了中国国际传播的发展历程、中国面临的国际舆论环境、制约新媒体国际传播的因素等内容;第四章为新媒体时代国际传播的技术应用,主要阐述了新媒体传播技术的构成、新媒体国际传播的服务平台等内容;第五章为新媒体时代国际传播的内容形态,主要阐述了新媒体传播内容的特点、互联网传播的内容形态、移动数字媒体传播的内容形态、互动电视传播的内容形态等内容;第六章为新媒体时代国际传播人才的培养,主要阐述了国际传播人才的培养目标、国际传播人才的基本素质、国际传播人才队伍建设的对策等内容;第七章为新媒体时代国际传播的发展趋势,主要阐述了新媒体国际传播的融合趋势、新媒体国际传播的移动化趋势、新媒体国际传播的商业化趋势、新媒体国际传播的多元化趋势等内容。

　　为了确保研究内容的丰富性和多样性,笔者在写作过程中参考了大量理论与研究文献,在此向涉及的专家学者表示衷心的感谢。

　　最后,限于笔者水平,加之时间仓促,本书难免存在一些不足,在此,恳请读者朋友批评指正!

目 录

第一章 绪 论 ··· 1
  第一节 新媒体概说 ··· 1
  第二节 新媒体的核心理念 ··· 12
  第三节 新媒体的传播模式 ··· 18
  第四节 新媒体特性与国际传播 ·································· 22

第二章 国际话语权与国际传播 ··· 25
  第一节 国际传播与国际关系 ······································ 25
  第二节 国际传播与国际话语权 ·································· 32
  第三节 当代国际传播格局 ··· 45

第三章 中国媒体国际传播的历史与现状 ··························· 50
  第一节 中国国际传播的发展历程 ······························ 50
  第二节 中国面临的国际舆论环境 ······························ 57
  第三节 制约新媒体国际传播的因素 ··························· 68

第四章 新媒体时代国际传播的技术应用 ··························· 70
  第一节 新媒体传播技术的构成 ·································· 70
  第二节 新媒体国际传播的服务平台 ··························· 80

第五章 新媒体时代国际传播的内容形态 ··························· 99
  第一节 新媒体传播内容的特点 ·································· 99
  第二节 互联网传播的内容形态 ·································· 101
  第三节 移动数字媒体传播的内容形态 ······················· 110
  第四节 互动电视传播的内容形态 ······························ 116

第六章 新媒体时代国际传播人才的培养 …………………………… 126
第一节 国际传播人才的培养目标 ………………………………… 126
第二节 国际传播人才的基本素质 ………………………………… 131
第三节 国际传播人才队伍建设的对策 …………………………… 136

第七章 新媒体时代国际传播的发展趋势 …………………………… 148
第一节 新媒体国际传播的融合趋势 ……………………………… 148
第二节 新媒体国际传播的移动化趋势 …………………………… 154
第三节 新媒体国际传播的商业化趋势 …………………………… 157
第四节 新媒体国际传播的多元化趋势 …………………………… 158

参考文献 …………………………………………………………………… 165

第一章 绪 论

国际信息技术正经历着历史性变革，5G 等新技术正改变着全球媒体的格局。国际传播必须以新的理念推进实践，借助新技术、新平台、新渠道提升国际传播效果。本章分为新媒体概说、新媒体的核心理念、新媒体的传播模式、新媒体特性与国际传播四部分。

第一节 新媒体概说

一、新媒体的概念

"New Media"最早出现在 1967 年，由戈尔德马克在一份报纸上提出。1970 年左右，"New Media"一词也曾多次出现在美国 E. 罗斯托给尼克松总统的报告里面。

从那时开始，新媒体一词开始广泛出现并流传在世界的范围内。关于新媒体的定义，国内外专家各执一词。联合国教科文组织过去曾对新媒体进行过概念界定，即网络媒体。

有些学者给出的定义与之相似，认为新媒体就是建立在数字技术之上的媒介，充分利用网络这一载体传播信息。学者熊澄宇认为新媒体实际上就是网络、数字媒体，其发展与运用离不开计算机信息处理技术、移动网络的支撑，是所有能传播信息的媒介的统称。学者蒋宏等在对新媒体进行概念界定时，重点关注了内涵与外延。他们一致表示，对新媒体的内涵进行分析，就是因为 20 世纪之后科学技术实现了飞速进步，社会信息传播领域出现了一系列完全不同于传统媒体的新型媒体，包括传播的信息内容有所增加，传播更加快速，传播方式也有了改变。学者黄升民认为，新媒体主要由三大部分构成，包括手机电视、地面移动电视、IPTV。学者宫承波指出，新媒体涉及面比较广，包括网络游戏、门户网站、网络文学等。

从总体上看，在对新媒体进行概念界定时，界定范围过宽是存在的突出问题。"新媒体"这种说法较为通俗易懂，应该将其严谨地描述为"数字化互动新媒体"。

数字化是新媒体的技术特征；互动化是新媒体的传播特征；新媒体的基本特征就是较强的互动化。新媒体与传统媒体相对比，其特征在多个方面得到了体现：开放、包容、个性化、信息海量、传播范围广、融合性强等。对新媒体的基本特征进行分析，主要体现在技术与传播两个方面，即数字化、互动性。国内部分学者将"互动性"称为交互性。

新媒体的盛行，让所有人都具备了大量听与说的条件与机会，其互动性是空前的。数字化新媒体，其主要是以信息科学和数字技术为核心导向，充分结合大众传播理论，将文化与艺术融为一体的，科学与文化能够实现密切相容的兼具综合性质与交叉性质的一门学科。数字化新媒体可包含图像、文字、音视频等多种信息传播模式，其传播的形式以及传播的项目基本都以数字化为准绳，信息的一系列任务都采用数字化的形式呈现。随着我国经济的迅速发展，新媒体作为一个新事物、新产业，其发展受到了很大的重视。新媒体是一个相对的概念，它包括很多事物，比如我们经常使用的互联网、经常看的电视、抖音上的小视频等都属于新媒体。新媒体还是一个一直都在发展的概念，随着经济的发展和科技的创新，越来越多的产品技术被开发出来，新媒体的内容变得越来越丰富。

新媒体的传播特征有高共享性、数字传播性、互动性，其中信息接收者角色定位及其地位的变换是数字新媒体在信息传播方面最为突出的一个特征。依据上述分析，定义新媒体：新媒体是一种数字化的媒体平台和形态，以网络、数字的技术为通信基础。

二、新媒体的分类

新媒体的种类十分广泛，从不同角度可以对新媒体进行不同的分类，中国人民大学的匡文波教授就从不同角度对新媒体进行了分类，从客户端方面界定将新媒体分为手机、网络和数字电视新媒体；从外延上又可以分为网络、数字和移动类等；MBA百科以媒介属性为基准将新媒体分为社交媒体、云媒体和视频媒体等类型，本书以此为标准对新媒体进行分类。

第一章 绪 论

(一) 社交媒体

社交媒体主要是以微信、微博等为代表的社交软件。在当今快速的生活中,社交媒体借助移动设备和网络,可以用最短的时间,将众多的信息传达给受众,将时间碎片化的同时具有强大的传播力。社交媒体以微、短著称,但同时方法多样、选择丰富、准入门槛低,是新媒体最典型的代表。

微信现在可以说是人人必备,是下载量最高的超级软件,用户最多、市场占有率最高,融合文字、语音、视频等基础社交方式,极大程度上满足了受众的社交需要。微信以人际的社会圈式传播为基础,依靠移动终端,进行信息的沟通和交流,具有便捷的属性。值得一提的是,随着微信功能的不断完善,如今的微信拓展了实用领域,使之集查找、搜索等众多生活模式于一体。

微博是新媒体发展到巅峰的重要代表,信息交流互动不再受朋友圈的局限,实时更新的微博热搜榜更是将新媒体的即时性体现得淋漓尽致。微博信息的浏览、众多受众的参与,使微博成为双向传播的典型代表,用户对信息运用的最大化和传播的流动化,冲击着传统媒体的传播方式。

(二) 云媒体

云媒体是云计算的引申,是指运用云计算,以互联网为基础的一种新媒体,是当今信息和数字社会发展的集大成者。它运用比喻的方式,将网络信息内容多样化、互动化,使之选择便捷,更符合个人特点。

一是云课堂、雨课堂。云课堂通过购买服务,将课程资源化,精品的课程让受众尤其是学生可以享受到高品质的学习内容,它突破了时间、空间的限制,将互动学习变为可能。雨课堂由清华大学提出,通过共同在线学习,让学生可以与更多课堂进行沟通,学习时间更灵活,更易自主进行学习;同时在预习、课堂中提供技术支持,丰富的课堂形式,使得学习在互动的氛围中进行。

二是云书籍的网络化发展。它突破了纸制发行的界限,客户端订阅、下载、阅读,一气呵成,发行方便,发行量由受众自行选择,将阅读与传播相结合,同时通过网络可以随时阅读分享,有利于知识的积累和深度交流,成为沟通的新方式。

学生通过网络便可以搜索到阅读书目,不必再等时间去查阅,满足了学生对知识的碎片化需求,接受度更高。同时,云媒体还包括淘宝、京东购物、新闻客户端等广泛运用云技术而进行用户分析、推送的新媒体。

云媒体是聚集、共享的网络模式，本地进行简单操作和选择，云媒体便可以运用云技术向用户提供以用户为中心和主导的信息，信息的双向验证使得云媒体的选择更具完整性。

（三）视频媒体

视频新媒体是伴随着网络的普及和提速而产生的，视频媒体分为短视频和长视频两类；短视频以微信视频号、抖音、快手为代表，长视频主要以直播视频为主，以钉钉、腾讯直播为代表。近几年来视频新媒体异军突起，迅速占领了新媒体的半壁江山。以抖音为代表的短视频以简短为特征，通过十五秒的视频剪辑分享身边事，受众从新媒体的接受者变为使用者，各种网红从中诞生；抖音的出现弥补了受众对于文字和图片的不满足状态，它将日常生活视频化，观看式的交流方式更加通俗、简便，同时也让更多普通人参与其中，是新媒体趣味化的代表。

近些年来，各直播软件的发展，极大程度满足了受众对于长视频的需求，较为成熟的是钉钉直播，其操作简单、便捷、页面选项丰富。在疫情防控期间，在线上教学中钉钉直播发挥了重要的作用。通过它既可以与普通人进行线上的交流，也可以进行专业性的视频交流，正规性的直播方式突破了时空限制。

随着网络的不断普及，近些年来，官方媒体不断进驻短视频平台，一改官方严肃的形象，可以更好地进行宣传；同时，钉钉直播的运用，使得停课不停学成为可能。

除了社交媒体、云媒体和视频媒体之外，MBA百科中新媒体的分类还包括娱乐媒体、电视数字媒体和户外媒体等较少涉及的新媒体。

从新媒体的分类可以看出，新媒体交互性强、个性化的媒体功能突出，信息依靠新媒体这一极具特色的介质进行传播，增强了新媒体受众的选择性，吸引了越来越多的人参与到新媒体的传播中来。

三、新媒体的特征

新媒体具有许多传统媒体所无法比拟的特点，在学习中得到了广泛而全面的运用，能对学习活动的深入进行起到推动的作用。所以，要充分利用其优势，从更深层次利用好其学习功能。

（一）融合性

新媒体具有强大的消解力量，模糊了不同的国家、不同的产业、不同的社群、不同的媒体之间的边界，甚至连信息发送者与接收者之间的边界也被消解，把每一种传统媒体创建的通道进行了整合，使之与新兴媒体的传播通道融合到一起，以集中化的方式处理信息，提高了资源利用率，获得了各种各样的信息产品，借助于广泛的平台与渠道呈现给受众。

（二）多样性

1. 传播主体的多样性

它表现在新媒体的信息传播者不再像传统媒体那样专属于一个特定的权威机构。例如，报纸在传播信息时，信息是由出版社这个权威机构来筛选拟定的，任何的信息只要是通过报纸传播，都必须由出版社来代为发出，这时可以将出版社看作信息的传播主体，它是唯一且确定的。同理，广播和电视等传统媒体的信息传播主体则为它们相对应的权威机构。而新媒体的传播主体不再受到限制，它可以像传统媒体一样是一个权威机构，也可以是单独的个人。且个体之间又有着民族、文化和自身经历等方面的差异，这就使得每个个体都是不一样的传播主体。因此说新媒体的多样性体现在传播主体上。

2. 传播内容的多样性

它表现在可以同时传播文字、声音、图像、视频等多种形式的信息内容。在传统媒体时代，科学技术还没有那么发达，媒体的外在表现形式往往会受到技术等方面的牵制，使得一种媒体表现形式只能对应负责传播一种形式的信息内容，即报纸媒体负责传播文字形式的信息，广播与电视媒体负责声音和图像类型信息的传播。但对于新媒体来说，以人们所熟知的手机媒体来举例，任何人都可以通过手机媒体有选择性地或者同时获取文字、声音、图像及视频等多种形式的信息内容。也就是说人们可以通过一种媒体表现形式来获取多种形式的信息内容。因此说，新媒体的多样性同样表现在传播内容上。

（三）生动性

新媒体把多样化的传统媒体在表现形式上的优势进行了汇总，能快速有效地传播静态与动态信息，可以采用图片、音频、视频、动画等多种手段，在屏幕上创造出活跃、轻松、愉悦的情景，让人在阅读、浏览、学习的过程中觉得生动有趣。

（四）易用性

只要有移动设备就可以使用新媒体随时随地获取资源，在新媒体时代，学习地点和时间不再受到客观环境的严格限制。传播者在世界上任何一个角落之中，都能将自己愿意扩散给更多人的信息进行发布。发布信息的方式比较多，例如音频、图片等，信息获取者能在短暂的时间内接收到这些信息。同时，学习工具较之前更为便捷，学习者可以在不同的空间选择使用不同的载体，语音、视频、文字等都可以。同时新媒体还可以为学习者提供内容储存和检索功能。

（五）即时性

即时性是区分传统媒体和新媒体的一个显著的特点，传统媒体在传播信息时所要消耗的时间和精力远大于新媒体。以报纸为例，一份报纸的形成首先要通过记者现场采访，根据采访到的内容来判断新闻价值，并迅速获取有效的第一手资料。经过构思新闻框架、提炼推敲、撰写成稿后，交由版面编辑和美工编辑进行审稿和美化处理，打出样板后再次版样校对，直至确认无误后交由印刷厂通宵印刷，清晨后进行发行投递。而在利用新媒体传播信息时，可以直接省去重复校对以及印刷投递的环节，将信息编撰成稿并经过核对后，即可直接发布在其依托的互联网平台上，经过极短的上传过程后，所有使用新媒体的人都可以在互联网平台上接收到所上传的信息。信息的形成到传播期间花费的时间大大缩短，有效地保证了信息的即时性。

例如2020年的新型冠状病毒肺炎事件，新媒体的即时性为打赢这场疫情攻坚战做出了不小的贡献。如果没有新媒体对感染人员的及时报道，那么医务工作者和专家们就无法在第一时间察觉到病毒的特殊性；如果没有新媒体对这次疫情的及时报道，那么民众就不能在短时间内认识到疫情的严重性，很可能会造成更为严重的后果；如果没有新媒体对各个定点医院情况的及时报道，可能会因为各地区和行业之间的信息不互通而造成医疗用品极度短缺却无计可施的局面。利用新媒体自身即时性的特点，实时更新感染人数，有利于专家对事件的走向做出更好的判断，并制订下一步的行动计划；哪个地区有什么异动相关部门就能立刻通过新媒体来发布有关信息，方便人们在接收到信息后即刻做出响应，避免事件进一步恶化。若以传统媒体的形式来报道，人们无法在第一时间掌握事件的动态，很有可能因为信息传递的不及时而造成严重的后果。

（六）有用性

1. 信息量大、内容丰富

互联网可以让用户共享全球海量信息资源。在传播与存储信息方面，新媒体更占优势，读者可以随时检索自己需要的信息，例如新闻事件、历史信息、社会文化等。

2. 信息更新速度快、成本低

新媒体会以极快的速度对内容进行更新，这样的更新速度可以用秒来计算。新媒体在传播信息的过程中，能实现同步与异步的统一，而且成本极其低廉，人们可以随时随地充分利用碎片化时间进行学习。

（七）开放性

与普通媒体相比，新媒体不再受官方和其他媒体的影响，人人都可以是信息传播的对象和主体，人人都可以成为媒体传播的中心，成为信息的主角，更可以自主进行信息选择和信息判断。以微博为例，首先是各大官方媒体入驻微博，受众不再一味地接收信息，官方不再苦于收集信息，点赞及回复功能让有相似看法的人聚集在一起，开放式的信息表达促进了信息的传播，普通群众也可以通过微博分享自己的身边事，尤其是可以通过参与某个热点话题，与素未谋面的网友交换观点。开放式的网络环境、自由的分享方式，增强了普通受众的参与感，从而更愿意参与到网络生活中来。

简而言之，以微博为代表的新媒体具有很好的开放性，让受众真正地在开放的网络环境中各抒己见，体现了网络信息时代新媒体发挥的作用。

（八）虚拟性

网络是新媒体的载体之一，因此新媒体也与网络一样具有虚拟性。新媒体虽然有其外化表现的具体形式，但它给人们呈现的空间和环境是无形的形式，任何人都无法在现实生活中触摸到这个空间和环境。每一个现实生活中的人在进入网络世界时都有一个相应的虚拟身份，这种虚拟身份可以根据自己的喜好随意制定，甚至可以随时进行改变。

它相当于一件"隐身衣"，帮助人们隐藏自己的各种真实信息，没有人能清楚地知道网络中所遇到的人在现实生活中拥有什么样的学历和社会地位等外在条件，所有人都只是一个普通的网民。这种身份的虚拟性使得网民在面对各种问题时能够抛开一切顾虑，勇于表达自己的想法，敢于说出现实生活中不敢说、不愿说的话。人们通过自身观点的表达来彰显自身的个性，且能够最大限度地保护自己的隐私。在高校当中，大学生也会借助新媒体的虚拟性来表达自己个性化的想法，掌握言语主动权，从而获得更多的满足感。

虚拟性让人们畅所欲言的同时也会带来负面的影响，从另一方面来说它似乎成了网络谣言和网络暴力等现象的保护伞，给网络环境的治理增加了一定的难度。新媒体对任何人来说都是开放的，因此每个人都可以运用新媒体来传播信息，但新媒体本身并不具备过滤筛选的功能，不像传统媒体那样每一条信息的传输都需要经过反复的确认且发布者的身份是明晰的，所以信息的真实性就无法保证。有时就可能会因为一条虚假的信息而形成谣言让人做出错误的判断。同时虚拟性的不真实感有时会给人们造成一种不用为自己的行为负责的错觉，网络暴力可能就会在这种错觉中形成。

（九）草根性

新媒体可以实现人人参与，草根性是新媒体相较于传统媒体的特点之一。人人都可以参与到新媒体中来，人人都有机会成为新媒体的传播主体，新媒体不再苛刻地要求新闻信息传播者的学识身份和理论水平，人人平等，向任何人开放。以抖音短视频为例，更多普通受众参与到短视频的制作和拍摄中来，既有生活和工作中的琐事分享，也有官方信息的编辑分享；小到洗衣做饭，大到阅兵授奖，短短几十秒可以分享很多。"网红"现象便是其发展的衍生物，普通受众通过拍摄、编辑在抖音分享短视频，其他受众则浏览相应视频，久而久之，有趣视频或者是受众较喜爱的视频从中脱颖而出，其拍摄者便从普通拍摄者变为网络红人，提高阅读率的同时也带来了一定的经济效益，从而带动更多的人参与到短视频的拍摄中来。

可以想见，以抖音短视频为代表的新媒体，以简单的视频拍摄方式，吸引普通受众参与到其中，人人都可以从草根百姓变为家喻户晓的知名人物，人们从受众变为主体，吸引了更多的人参与新媒体。

（十）个性化

新媒体能以个人化的方式传播与阅览信息。新媒体建立在网络环境之上，在为用户提供个性化服务的过程中，关注了用户在使用信息方面形成的习惯、产生的偏好等，致力于对其需求的满足。这种个性化信息服务是由新媒体带来的，信息传播者能满足更多受众的个性需求。

（十一）技术化

新媒体时代的发展是以数字媒体技术为支撑的，不论是传统的广播电视还是新型的手机、电脑网络都离不开以计算机技术和网络通信手段对文字图案、声音图像等信息进行综合处理来实现媒体内容的显示、记录、处理、储存、传输和管理，将抽象的信息变得可以被感知、可交互、可管理。新媒体时代主要使用的数字技术：数字图像处理技术、数字音频处理技术、计算机图形处理技术、数字媒体信息获取与输出技术、数字媒体信息存储技术、数字媒体信息处理技术及传播技术、数字媒体数据库技术及信息检索与安全技术。数字媒体技术已经应用到了媒体节目制作、编辑、传播、存储的各个方面，有效实现了节目形式的融合。

（十二）失真性

在传播信息方面，新媒体充分发挥出了互联网技术的优势，每个人都能在网络平台中开辟属于自己的空间，及时把信息、观念、心得、感悟等与更多人分享，并在这一过程中把主观想法融入信息之中，信息本来的含义发生了改变，在传播过程中偏离主题的情况极有可能发生。也有些人在传播信息中会断章取义或添枝加叶，为了让更多人能注意到自己发布的内容而确定夸张的标题，信息失真现象由此形成。

（十三）超时空性

新媒体打破了信息在时间和介质上的限制。数字信号以每秒30万千米的速度传递，瞬间可以触及世界任何地方。信息的采集、加工、报道可以实现同步完成，保证了时效性。而且，新媒体摆脱了报纸、电视等传统媒体的限制，实现了传播介质的简化。疫情防控期间，火神山、雷神山医院在全球超时空的关注下竣工，中国抗议专家与国外医学专家通过连线及时分享抗议经验，加快了抗疫速度。新冠肺炎疫情全球大流行期间各国外交通过云视频会议形式畅通无阻地进行。

（十四）可选择性

新媒体与传统媒体还有一点不同的地方是新媒体具有可选择性。传统媒体属于传播者处于主导地位的类型，接收者通过传统媒体获取到的信息内容是传播者

新媒体时代的国际传播研究

选择筛选之后的结果,且为了迎合大多数人想要获取的信息取向,必定不能达到个性化这一要求,不能全面满足接收者的需要。新媒体则属于接收者处于主导地位的类型,人们可以通过网络直接按照自己的需要搜索选择想要获取的信息,不必像传统媒体时期那样为了获取到某一种信息而"守株待兔"。

总之,传统媒体是让你知道什么,你才能知道什么,让你什么时候知道,你才能什么时候知道;而新媒体则是你想知道什么就知道什么,想什么时候知道就什么时候知道。这种差别是显然的,新媒体拥有传统媒体不具备的可选择性。

四、新媒体的发展历程

从当今全球范围来看,中国互联网的发展处于新一代互联网时代背景下,互联网的发展历程最早起源于冷战时期,2021年是中国互联网诞生的第52个年头(1969—2021年),这52年是一部全球性的中国互联网发展史,更体现了人类新文明的发展历程。美国是移动互联网的发源地,至今互联网技术仍然处于世界领先水平。美国在52年的全球互联网时代发展史中占有着至少30年的中心地位。但是随着经济全球化和世界各国互联网水平的不断提高,全球互联网格局已经逐渐发生变化,美国互联网中心地位今非昔比。国外互联网发展较早,国外学者对互联网发展的研究较多,概述如下。

罗伊·罗森茨韦格的《巫师、官僚、勇士和黑客:书写互联网的历史》和詹内特·阿巴特的《发明互联网》,是最早探究互联网的著作。他们为我们撰写互联网历史提供了一个标准化的模板和描述大纲,讲述了互联网前期的发展历程。

威廉·斯普瑞和保罗·E.塞鲁齐的文章中并没有按照时间的维度来讲述互联网的发展历程,而是从商业维度来讲述互联网的发展历史,并重点讲述了互联网对美国商业的影响,具有时代意义和研究意义。

从中国来看,随着中国经济的不断发展,国家对互联网领域越来越重视。自党的十八大以来,党中央为互联网发展前景做了周密细致的顶层设计和全域布局。目前互联网尤其是新媒体已经和人们日常生活、学习、社交等方面相结合,渗透到了各个领域;也对中国的政治方面、经济方面、文化方面等都产生了巨大影响,加速了中国现代化发展进程。

2013年,随着2G时代的更新换代,3G逐渐占据了整个市场,新媒体发展顺应全球互联网发展的潮流,中国4G通信正式启动。同年,中国工业和信息化部出台了互联网发展的政策,对新媒体发展起到了支撑作用。

2014年初,习近平总书记在北京亲自主持出席了十八届中央党委与中央信息网络安全和经济信息化建设工作领导小组全体会议，明确提出，建设移动互联网络信息强国的重大发展战略部署必须紧紧跟随"两个一百年"的伟大奋斗目标，继续同步深入地努力推进，向着移动互联网络时代基础通信设施已经基本得到普及、信息网络经济全面健康有序发展、网络安全有效得到保障的几大方向不断地努力前进。

2016年，习近平总书记在首都北京隆重主持召开了关于中国互联网络安全与企业信息化体系建设专项工作专题座谈会，提出了关于我国加快推进建设互联网络安全信息强国的重大战略理念。同年，机器人新闻撰稿系统首次正式亮相于中国新闻媒体制造业。

2017年，"人工智能"首次被正式明确写入国务院政府工作报告，将推动人工智能快速推进纳入了一个国家经济发展重大战略，这预示我国将互联网领域逐渐转移到智能时代。

2018年，我国大数据、人工智能、云计算、物联网等技术趋于成熟，出现了国内首个媒体人工智能平台。同年，我国人工智能水平不断提高，出现了智能化AI合成主播，将新闻领域与AI真人形象融合。

2019是5G时代的尝试期，也是4G时代向5G时代的过渡期。4G与5G相比，5G具有高速率、低时延、大容量等优势。同年"两会期间"，我国第一个AI合成女主播"新小萌"参与了"两会"报道，这成为人工智能与传媒业融合应用的成功典型案例，也展现了中国互联网发展历程中取得的成果。

2020年，在我国网络强国战略的指引下，各大互联网行业利用国家政策的扶持，顺应时代的潮流，通过社交网络构建服务新生态，电子商务、网络游戏、在线教育等行业均实现显著增长，创下了一项新的历史成绩。同年年初，面对新冠肺炎疫情的重大冲击，我国充分利用互联网的大数据、人工智能等技术，进行疫情防控。同时开发非接触式经济模式助力我国经济社会线上化进程提速，培育经济发展新动能，推动高质量发展。

五、新媒体的未来趋势

相比于全球其他国家而言，中国互联网的发展起步较晚。中国自1994年才正式接入国际互联网。但是中国积极利用世界各国先进的互联网技术，成为全球互联网的受惠者。2021年是我国推动当今中国移动端和互联网产业信息化建设运行快速健康发展的第27年，这27年来推动我国利用移动端和互联网相关信息基础技术迅速稳步发展，取得了巨大的技术突破和重大进展，比如随着我国移动

新媒体时代的国际传播研究

新媒体的广泛呈现以及形式日益丰富，新媒体使用群体大众化、新媒体与传统媒体存在较大区别等。也表明了新媒体具有独特的优势，迅速被人们喜爱，也使人们具有更多的主动性和选择性。因此新媒体技术的迅速发展已经成为大势所趋，新媒体已经和人们的生活完全融合，密不可分，逐渐实现"科技改变生活"，向解放全人类的方向发展。

要想探讨互联网未来的发展趋势，必须深入理解过去的互联网的发展历程和发展规律，全面了解现在的互联网，对其发展趋势做出恰当的研判。随着5G应用的展开，全球将进入万物互联新阶段。

2019年称为5G商用元年，一直到2021年，5G已经被大规模商用。从2021年开始后的10年，是科技融入生活最贴近的10年，既是互联网从未如此深入改变人类社会的10年，也是技术创新从来没有如此深入生活的10年。2021年各国政府在6G方面也已投入重金开发，一切都围绕一个全新的超联结社会的到来。

第二节　新媒体的核心理念

一、去中心化

"去中心化"既是互联网技术搭建的核心思想，作为一种基因，也深刻地蕴含在一切基于互联网传播的形态和现象中，是新媒体核心概念的基础。

对"去中心"可以做如下理解，"去"是消除、消解的意思，"中心"是指所有形而上学哲学中和各领域传统中很多绝对权威、至高无上的话语权，所谓"去中心"就是排除那些传统权威代表的干涉和影响，在文化创作过程中保持原创应有的自由、多元和活力，从而打破人们固守的传统思维定式，消解权威，重构去中心的乐土。

"去中心"思想源于结构主义与后结构主义中对主体理论的探讨，其源头可追溯至"结构言语学之父"索绪尔。

索绪尔认为语言是一个独立完整的体系，它有它自身完整的结构，语言意义从语言结构衍生而来，语言产生在它之前，同时语言不受其他任何思维体系的指挥。而之前传统的语言观认为，语言是思维的载体，任何思想或哲理都通过语言来进行。语言因真理和绝对意指而产生。从此，索绪尔便将语言从各种束缚中解放出来，清除掉传统理念的干扰，还使理性的权威性和绝对独立性受到冲击，从

第一章 绪 论

本质上否定了自亚里士多德以来将语言看成主体思想再现的传统语言观。

此外,索绪尔认为语言符号由能指与所指两部分构成,能指与所指之间的关系并不是铁板一块、一成不变的,具有一定的随意性。对语言意义的理解需要将其放置于共时的静态结构中通过差异来获得,即对于语言的理解必须靠阐释才能获得。这从某种程度上指出了语言主体会受制于自己所依赖的语言结构、文化结构,也显示出索绪尔"对意识或者'主体性'的不信任"。

随后,俄国形式主义者将索绪尔语言中的差异化理论运用于文学艺术领域,包括文学语言与生活用语的差异及文学语言自身由于能指与所指组合的任意性而产生的差异。将主体、现实、真理等各种中心排除在文学作品之外,使索绪尔的"去中心"思想得到延伸,开启了"去中心化"的思维模式。俄国形式主义的代表人物是什克洛夫斯基和雅各布森,前者在彼得堡成立了"诗歌语言研究会",后者在莫斯科成立了"莫斯科语言学小组",二者的成立可以说是俄国形式主义的发端和源起。

俄国形式主义者首先致力于打破文学依附于政治、社会、科学、历史等其他学科的状态,使文学从中独立出来,自立门户,成为一门学科。为此,他们开始探究寻求文学的本质和特性,以此发现文学的显著特点以区别于其他学科。雅各布森还提出"文学性"这一概念:"文学科学的对象并不是文学,而是文学性,它使一部既定作品成为文学作品。"通过这一概念透析文学的本质所在。这个概念的提出首先颠覆了作者在传统思维中的重要地位,他指出作者的作用只不过是将得来的素材拼凑在一起,不是作者创造了作品,而是作品的产生赋予作者这个身份意义,作品的主动性要大于作者。传统文学领域中作者的地位是绝对权威的,而这一概念的提出可谓是打破了这一局面。不仅如此,在作品反映客体上也大有不同,传统理论认为客观生活现实都会被客观地反映在文学作品中,而在形式主义这里却不同,他们认为文学作品反映的不过是作品本身而已。可以说,艺术是艺术,生活是生活。此外,他们还主张文学作品不为任何思想或政治或其他用途所左右,文学是独立的。正如雅各布森所言:"在本质上,我们所处理的不是思想而是语言事实。"至此,在文学作品中存在的各种中心、绝对意旨和权威大部分已被清除。此后,还经过一些结构主义、后结构主义学家的努力推动,从列维·施特劳斯、罗兰巴特、雅克拉康、福柯,最后到雅克·德里达实现了对结构的终极解构,去中心化思想在文化领域不断展开和发展,为去中心化思想的完善奠定了基础。

雅克·德里达不将任何事物看成层级化体系且一成不变的。在肯定索绪尔相关理论的同时他也提出了一些否定意见,在他的考虑中,后结构主义学者们在破旧出新、消解权威的同时,也树立了结构这一新的权威,雅克·德里达主张要消解一切可能成为新权威的结构,对结构分解、破除,还引入了历时性概念,保证运动循环,同时变封闭性结构为开放性结构。这样,结构是不会有固定不变的中心和形态的。雅克·德里达认为文化现象是可以归属于语言文本的。他将历时性引入索绪尔的共时状态下的静态语言结构,发现符号的意义不仅要通过共时状态下同一系统内其他成分的参考来确定,而且还需要考察它们在不同话语情景中的各种不同用法。每一次符号被使用时,来自静态结构的标准成分都可能受到新的话语语境的挑战或更改。语言的意义在历时的轴线上不断地朝着过去以及将来扩散,这样能指与所指之间的关系不再是固定不变的,每个所指都可以变成能指,这个过程可以是无穷无尽永不停息的。雅克·德里达还从索绪尔语言学里发展出对文本和话语的解构,不是一般的语言理论,而是一种"去中心"的哲学理论,这是解构西方政治、经济、文化很有利的条件。

综上所述,"去中心化"是对"去中心"思想的扩展和深化,它是一种哲学思维方式,它彻底拒绝"结构主义"中一切形而上的各种中心,也就是摒弃所有占主导性的意指、真理性的认识等传统权威,主张解构结构和一切中心,对二元对立、层级体系的瓦解,不支持具有中心化引导的一切系统。像一些专家所认为的那样,"去中心"就是对社会生活和思想文化等领域的处于支配位置的权威和传统的去除,提倡多元和开放。

"去中心化"本质上是展示了原有结构主义思维中的中心——边缘的相互转换及相对关系,对绝对权威、真理的否定,是后结构主义的解构性的向面。权威主体去除以后,再也没有谁是主导这一说法,人人都可以是主体,而且是具有主动性的主体。正如它显示了结构的开放性与泛中心化的到来。如果我们从历时性的角度考察,后结构主义还有其建设性的一面。在中国语境下,结构一直存在,就算破除旧的机构和中心,还会再有新的中心和意义出现。从这个角度来说,当下中国文化的去中心化只是去中心并不是没有中心,它只是转向了对多个主体间关系的关注,转向主体间的对话和理解。这种对关系、对话、理解的强调在时间维度上就发展为"再中心化"。

二、平台化

平台化的关键是用互联网的思维来重构生态,从而建立起一个真正意义上的自组织社会信息在线系统,其中技术的开放性、连接的广泛性以及价值的共创性是实现资源重新配置的主要措施。

(一) 强化技术接口，建设信息核岛

为了实现信息、数据、资源和用户的共享，平台媒体需要重新设计和搭建自己的底层技术架构，并且至少要实现三个目标：一个是社交平台，一个是在线分布协作平台，一个是资源共享平台，或者说是数据后台。首先是社交平台，所有的用户，无论其之后在平台上是什么角色，都能够首先被纳入这个平台中来，并且用户和用户之间能够实现有效的连接和沟通，而不是各自分散的个体。用户可以是个人也可以是机构甚至是政府单位。其次是在线分布协作平台，未来的媒体并不局限于内容的生产，也会提供相应的服务，如网络会议、线上讨论会、线上公益等。最后一个是资源共享平台，实现这一功能的基础是全面的数据化。

(二) 自组织生态圈，多元主体共治

在线社会信息系统不同于传统媒体集团的组织和管理，传统的传媒管理采取的是集团化运作的方式，主要是采用"人治"的方式，有明确的角色分工和层级制度。而在线社会信息系统是"自治"的方式，是"多元管理+系统维护"的方式。首先，构建平台的技术架构和底层逻辑本身对平台上的行动起到一定的规范作用。其次，平台上没有绝对的管理者，而是由参与其中的多元主体共同遵守一定的规则。

(三) 利益共创机制，激活价值潜力

平台上的用户通过数据和信息的共享，形成网状连接关系，形成价值网。在这张价值网上，每两个节点或者多个节点之间的连接都会带来盈利模式的创新。举个例子，如果把所有的能够提供和消费专业知识服务的用户集聚在一起，则会引发知识付费的商业模式。因此，从经营和管理的角度来看，原本的用户和消费者都能参与到产业链条的各个环节中来，不仅是一种降低生产成本的做法，其激发的价值创造力更是无穷的。

三、社交化

全球社交化传播，虽然在学术概念上还未被正式定义、大量解释，却已被广泛认识并在实践中真实地发生了。一个普通网民在优兔上发的一段视频，可能引发全球舆论的关注；一个组织在脸书上发起的动员，可能掀起骚乱。社交化传播

在网络空间意识形态领域能够形成快速传播的聚合、裂变效应，其作用力、传播力、影响力超乎想象、十分惊人。在美国等西方国家策动的一系列颜色革命中，社交化传播无不起了重要的推动作用。过去发生的皆可称为案例，未来还未发生的要想提前防范，所能依凭的则是对其内在规律与特征的分析与研究。

（一）从大众门户到个人门户

据新浪科技报道，截至2021年1月，全球手机用户数量为52.2亿人，互联网用户数量为46.6亿人，而社交媒体用户数量为42亿人。这个庞大的社交媒体用户群，不仅改变了信息传播的基本格局，而且颠覆了信息生产与分享的传统模式，使得每一个拥有社交媒体的人，都可以相对较自由地制作分发信息，相当于在社交媒体平台上拥有了大量的"个人门户"。

传播学理论认为，媒介越是发达、越是普及，传播的组织性就越弱。大众门户到个人门户的转变，带来的直接结果是社交媒体传播者与受众的界限日益模糊，一个用户在发布信息、发表评论时是传者，在阅览信息、阅读评论时又是受者，导致信息传播日渐"去中心化"。主流意识形态因为受众参与评论、分享而越来越难以成为"主流"，对受众的影响力日益式微。当社交媒体突破疆域、无限自由地参与到经济全球化传播中来时，网络空间意识形态的交锋就变得愈发复杂。

（二）从大众传播到社交传播

大众传播是一种大规模的信息生产和传播活动，其优势是能够迅速主导舆论，让主流意识形态深入人心、广为认同。而社交传播则直接绕开了记者或职业传播者这道墙，绕开了传统意义上的"把关人"，社交媒体用户可以直接与传者面对面进行信息交换，社交媒体平台成了信息聚合与传播的策源地、意见表达的集散地，而且不再局限于某个区域，而是扩展到了全球。一方面，大众传媒开始通过社交媒体平台进行新闻生产、信息投送，并通过开放评论区、允许转载分享、邀请问答等形式与受众进行深度互动，给新闻也注入了社交动力，进而增强其传播影响力。另一方面，社交媒体用户也努力通过自创、转发、分享、评论的方式，参与到信息生产与传播中来，并通过社交媒体平台的热搜、热榜形成热度、产生舆情、带动情绪。

（三）从公开宣传到隐蔽行动

从意识形态渗透的视角来看，全球社交化传播带来的一个革命性变化就是，公开宣传对于目标受众的作用慢慢变得不再那么明显，而隐蔽行动所显现出来的功效却日益彰显。这种隐蔽性的意识形态渗透主要表现为下沉式与广域化，让民众在不自知中而受其影响和冲击。社交传播是一种下沉式传播，导致对于信息的溯源、监控变得愈加困难，意识形态渗透也变得更加隐蔽复杂。同时，社交化传播同时具备一对一、一对多、多对多等多种传播方式的特点，进而为意识形态渗透提供了广域化的渠道和通道。

在官方信息还没公布之时，社交媒体平台的各类信息早已充斥在平台空间，各类意见偏见、虚假信息、非理性情绪迅速进入受众视野，能够极大程度、极快速地操纵公众舆论，干扰、迷惑受众视听。随着大数据、人工智能技术的发展，社交媒体这种下沉传播和广域渗透的趋势还会加剧，将显著增强网络空间意识形态安全威胁的影响力和对抗的复杂性。

四、虚拟现实

（一）基本概念

虚拟现实技术（Virtual Reality）简称 VR，是通过计算机进项虚拟仿真系统的搭建，让使用者能够在虚拟环境中进行体验，并且通过计算机对于各种复杂信息的加工处理和信息可视化的操作在虚拟空间中形成与使用者的交互。虚拟现实技术在进入中国之初，钱学森曾将 Virtual Reality 翻译成"灵境技术"，虚拟现实技术在计算机中所制造的空间被叫作"灵境"。所以虚拟现实技术又被叫作"灵境技术"。

虚拟现实技术是指通过视觉、听觉、触觉等多种感官实现各种实时的交互手段，以进行虚拟环境的建立。对用户通过运用虚拟现实技术可以有效地减轻用户的操作负担，提高工作的效率。

一般来说，虚拟现实系统是由多个系统构成的，包括虚拟环境系统、所用计算机的处理系统、显示设备，以及多种交互反馈系统，如听觉系统、触觉系统、语音识别系统、味觉系统、触觉系统等不同的感官系统。在多个系统的共同协调下完成虚拟环境的构建和人机的交互，以还原在虚拟环境下的用户的真实体验。

（二）基本类型

依据国内外研究者对虚拟现实技术的研究成果，根据参与者的数量和参与形式的不同，将虚拟现实技术划分为以下四种。

1. 桌面虚拟现实系统

桌面虚拟现实系统的载体是电脑屏幕或其他显示器，将虚拟世界连接到显示屏幕中，使用者在现实世界通过不同的控制器来实现在虚拟世界中的行动。桌面虚拟现实系统的特点是，系统构成简单、制作成本低，便于市场推广，但是很难让用户产生真实的体验。

2. 沉浸式虚拟现实系统

该系统是通过头戴式设备、数据手套等多种感官追踪系统，来实现将现实中的体验者的大部分感官带入虚拟环境中去，能够让体验者有种置身于虚拟世界中的错觉。这个系统的最重要的特点就是将体验者的各种感官都带入虚拟环境中去，通过不同的感官捕捉设备将体验者与现实世界分开从而可以排除掉外界的干扰，真正置身于虚拟世界中去。缺点是系统制造的成本比较高，不便于推广和普及。

3. 分布式虚拟现实系统

互联网的加入，使得虚拟环境不仅局限于本地用户的独立使用，还将多个用户通过互联网同时放到同一个虚拟环境中去，实现线上实时多人共同体验。

4. 增强现实型虚拟系统

增强现实型虚拟系统就是人们常说的 AR（Augmented Reality），系统本身是虚拟环境与现实环境相结合的产物，能够在现实世界中实现在虚拟世界中的操作体验。

通过对于以上四种不同形式的虚拟现实技术的研究发现，桌面虚拟现实系统尽管制作简单、成本低，但是其呈现的效果有限。而增强现实型的虚拟系统，在现阶段技术还不是十分成熟，实际的推广应用还需要一段时间。所以在教育领域可以应用沉浸式虚拟现实系统或是分布式虚拟现实系统，这两者都能够呈现出很好的效果，提高教学质量。

第三节　新媒体的传播模式

第一章 绪 论

一、传播模式的基本构成

（一）传播模式由传播方式、传播结构与传播过程组成

传播模式是关于信息传播的整体性概念，它是传播方式、传播结构与传播过程的有机统一体，离开任何一个要素，传播模式都无法存在。三个要素之间是相互依存、互为前提的关系。

传播方式是基于传播介质所形成的传播主体与传播客体之间的传播关系及其传播路径。传播方式维度制约着传播模式的表现形态。报纸、电视等技术媒介下传播主体与客体之间是单向关系，信息也是单向传播。因此形成集中化的传播方式，由于缺乏从接受者到传播者的传播关系，该传播方式所支配的传播模式也是集中化的。传播结构是传播模式中要素之间的空间关系，即传播主客体、媒介、信息在传播环境中的相对位置，这是传播模式的存在基础，也是其他两个维度得以相互作用的现实基础。例如，单向传播过程和中心化传播方式依赖于传播主客体、媒介、信息在传播环境中的线性结构。传播过程是指传播模式中各种要素相互作用而产生的信息流动过程，比如单向传播过程、双向传播过程和多向传播过程，不同的信息流动方向揭示着不同的传播效果。

（二）传播方式、传播结构与传播过程的关系

传播方式与传播结构之间相互联系、相互制约。传播方式的特点受传播结构特点的支配。传播结构通过建立传播现象中各要素之间的关系形式来支配传播方式的展开。如果传播结构以人际双向互动为特点，那么传播方式就表现为自然语言传播方式，建立在这种结构与方式基础上的传播模式的范围和效率就很小很低。同样，如果传播方式以自然语言为主，那么其传播结构必然是人际传播的结构。

传播过程与传播方式相互依存。一定的传播过程必然呈现出一定的传播方式，同样，特定的传播方式也表现为特定的传播过程。以自然语言为主的传播方式，其传播过程表现为口口相传的互动特点，这两者是相互适应的。

传播结构与传播过程也是相互支撑与相互适应的。不同的传播结构决定和影响着传播过程的特点。如果是以自然语言传播为特征的人际传播结构，其传播过程的效率较低，传播范围有限，传播过程就表现为无数个节点连成的不规则曲线，信息在曲线两端点之间流动。

特定的传播方式、特定的传播结构与特定的传播过程，这三者之中的两两相互作用与相互适应构成特定的传播模式。其中一个方面的变化，都会引起其他两个方面的变化，三个方面相互适应性的变化才能引起传播模式的转化与变换。单纯的方式更替并不能直接带来新的传播模式，而是通过改变信息流动方向和传播要素间的空间关系，促进新的传播过程和传播结构形成，进而影响传播模式的特征和功能，使新传播模式出现。传播过程的展开是受传播结构制约的，在传播过程的运行中，基于不同的介质会产生不同的传播方式，不同的传播方式决定着要素间的组合关系，这些不同的组合关系反过来也会改变传播过程，从而影响传播结构，进而推动传播模式的变更。

二、新媒体传播模式的分类

（一）以自然语言为介质的散点交流传播模式

在文字和大众传播媒介出现以前，传播模式表现为人们运用以言语、表情和动作等自然语言为主的"面对面"或"嘴对耳"的方式，传播者与接收者之间形成点点孤立的散点结构，在人与人之间产生双向信息交流过程。所谓"孤立"是指该结构受到地理因素的限制只能联结小范围的人群。此时的传播模式呈现出传播范围有限、双向信息流动、传播深度大和信息真实度高的效果特征和单一交际的功能特征。

基于自然语言介质的交流传播模式下，人作为"原子"既是传播者也是传播对象，与其他"原子"之间以固定的地缘关系、血缘关系和熟人关系为纽带，形成散点分布状态，只能采用面对面人际交往的方式进行小范围交流沟通。在这种传播方式下，传受双方可以立刻就刚刚所说进行讨论，信息的传播效果不受中间变量的影响，信息的真实性不会发生扭曲和变形，信息传播在同一时间空间中具备准确、深入的效果。但是，面对面的传播方式下，依靠固定地缘空间关系的散点结构极大限制了传播的范围，并且散点之间的连接方式的走向是由人的社会关系分布特征决定的，此时的传播模式的形成依赖于人的原始社会关系，且无法摆脱地理因素的限制。此时的传播模式只具备人与人之间基本的信息交流和社会交际功能，故而无法在全社会范围内形成公共意见和共同利益，社会结构呈现出分散抱团状态。

（二）以技术载体为介质的"点—面"单向度输送传播模式

传播技术的演进下出现了纸质出版物、广播、电视等技术载体，传播突破了物理距离的限制。传播模式表现为技术载体的所有者将文字、语音和图像符号以隔空的方式输送,传播者和接受者形成包含散点结构的金字塔型的、单向度的"点—面"结构,与社会公众之间产生广泛、单向的信息输送过程。社会主流观点从金字塔顶出发,由上而下一级一级地进行单向度的传播,与上一级相比,下一级是接受层级。这种传播模式呈现出传播范围广、单向等级化输送、传播深度逐级下降的效果特征,与上个传播模式相比,传播行为的影响广泛使得这种传播模式与社会系统之间的互动更加紧密。

和自然语言介质相比,技术载体的属性是使用门槛高、传播范围不受时空限制、参与社会系统的程度高。这种介质下信息传播方式不再局限于地缘空间关系,传播范围得以拓展,然而介质使用门槛的提升使普通个体不具备面向大众的传播能力。相比依靠语言为介质的时期,大众的表达空间被压缩,信息是单向线性输送,传播效果的形成受到大众的心理因素、文化水平,媒介条件和舆情环境等多方面因素的限制。传播者与受众的地位天然不平等,媒介机构或组织因为掌握信息筛选和发布的权力而处于传播结构的顶端位置,由此形成等级化的"点—面"传播结构。此时,突破地缘限制的传播方式和点—面传播结构使传播由一项小范围交际活动变成覆盖广大社会成员的公共行为,媒介机构和组织通过向社会大众输送信息,能够重塑大众的社会认知,构建全社会的共享价值,是社会系统的重要组成因素。传播模式由此超越了之前简单的交流与交际功能,开始具备一系列政治、经济和社会功能。

(三)以网络为介质的节点交互链接的新媒体传播模式

与前两个阶段相比,新媒体环境中的传播模式呈现以网络为介质的节点交互链接的特征。此阶段传播模式既整合了前面两种模式的构成特点与功效特点,又具有传播介质变革所带来的新特征。新媒体传播模式表现为节点化的个人、媒介组织和机构在互联网中以互动方式形成交互链接的网状传播结构,实现包含单向、双向和多向的信息传播过程。

新媒体环境使传播客体转变为传播的参与主体,在社会互动权利和传播权力方面超越了前两个传播模式,这是此阶段传播模式中出现新的效果特征与功能特征的根本原因。相比自然语言介质和技术载体介质,互联网的开放性使每一个接入网络空间的人能够生产和传播信息,原本的传播客体开始具备传播的自主性与能动性,成为传播网络中控制信息流动的节点。网络中的节点化主体打破了"点—面"结构中金字塔顶的传播主体对传播的绝对控制,网络介质产生的人与人之间的"弱关系"使散点结构突破现实区隔，依据彼此间的共同属性与其他主体产生链接，形成交互链接的网状结构，使信息从大范围的单向度播放和小范围的双向度流动转变为开放的多向度流通。与单向传播方式中传统媒介作为绝对中心不同，此时的传播是围绕节点化的个体展开的，传播模式中的每一个参与主体都拥有信息传播的控制权。依据链接关系的多寡，任何一个参与主体都拥有吸引社会公共注意力、配置社会信息资源的权力。

互联网介质下，一个普通的社会成员，如果善于经营和创造现实社会关系和网络链接关系，他也能在网络空间形成自己的影响力。就传播效果而言，多元的参与主体与多向的信息流动路径提供了更加异质化的信息环境，但主体间出于爱好、价值和利益等进行的互动与聚合也使传播参与主体出现分化，形成异质性圈层。就传播功能而言，这种依据链接能力赋权的机制不仅重新建构了网络空间的话语资源分配和行动逻辑，而且也会在个体线上线下的互动过程中影响现实世界中的社会关系网络。原本汇集于绝对中心的传播结构开始以节点为中心进行分化，结构的分化会带来功能的分化。此时传播模式在原本的交际功能和社会监测、社会整合功能外，在链接社会成员的基础上具备影响现实社会关系的功能。

第四节 新媒体特性与国际传播

一、穿透性与国际传播

时间和空间是国际传播必须突破的首要壁垒。这方面，传统媒体的局限性一目了然。广播电视网和电信网的覆盖都有区域界限，报刊发行也有一定的范围，而互联网的普及打破了传统媒体的区域限制，可以跨越空间和时间，超越现实社会的管理边界，瞬间传遍全球，使人类距离"地球村"的梦想又近了一步。互联网超越了国境线，让所有与网络联机的人都能自由浏览、检索、下载、转发，并且在网上做出反应。尽管借助行政或技术手段仍可进行一定程度的干涉，但网络信息在国际的流动依然呈现出不可阻挡的趋势。

这对传统传播方式的冲击是颠覆性的。网络传播不受时空的限制，能够打破西方对他国信息传播的制约和排斥，有效促进信息流通渠道的畅通，实现国与国之间公平的竞争。过去垄断了传统媒体话语权的西方，已经无法垄断互联网的话语权。这在西藏"3·14"事件舆论攻防战中得到鲜明体现。当西方媒体大肆扭曲事件真相之时，许多国内和华裔的网民通过发布视频、照片和文字说明等多种方式，向西方网民公布事实真相，驳斥错误报道，戳穿媒体谎言。正是借助了互联网这一革命性的传媒手段和通信工具，全世界的华人华侨在很短的时间内了解到了更多的信息，不仅突破了西方主流媒体的语言封锁，还成功发动了大规模的反击。

网络传播改变了国家之间传统意义上的传播实力对比。网络传播无国界，具有天然落地的特点，隐匿性和交互性很强。这种特性为世界各个角落的机构和个人获取信息、输出信息提供了前所未有的便利，使得传统媒体条件下的传播弱势国，能借助网络输出自己的信息，并放大自己的声音。这表明，以数字技术为基础的新媒体使信息环境从区域传播转向全球流动，过去对新闻信息的封锁、对新闻事件的歪曲报道、信息传播的不对称都将被逐步打破。

二、融合性与国际传播

传统大众媒介是单一形式的传播。印刷媒体传递文字、图片信息，电报电话传递无线电波讯号，电视媒体传递声音、图像信号，而以互联网为代表的新媒体无论从技术手段还是传播内容来看，都具有更大的包容性，能够兼顾多种此前多种媒体形态具有的传播功能，因此是一种融合了文本、图片、视频、数据等多种技术特点的传播方式。

这种融合性首先体现在其对传播介质的兼容性上。网络媒体兼容了三大传统媒体的表现形式，既可以传输文字、实时的声音，又可以传输动态的图像。网上链接使人们接收信息的方式越来越立体化。新媒体在国际传播中的特点和优势，使它在国际传播领域产生着日益巨大的影响。

新媒体的融合性还体现在传播工具的多样性上。微博、微信等近年来不断涌现并更新的个人表达和传播工具，受到了人们的青睐，成为个人跨国传递信息的首选。此前，个人跨国交流大多选择电话或信件等私人通信方式，第三方未经同意是无法阅读、管理和控制的。而微博、微信的出现，向人们提供了可供公开阅读、获得和研究的文字、图片及音像资料等。

三、互动性与国际传播

在新媒体背景之下，信息以双向、多向的方式进行传播。每个用户都能对信息交流进行控制，公众可以根据自己的情况选择是否接收信息，如果不需要此类信息，只需要对信息来源进行屏蔽即可，用户在接收信息方面不再被动。与此同时，一系列新媒体技术的运用，让用户不再单纯地扮演受众这一角色，不仅能接收信息，而且也能把信息发布给他人，在信息制作与传播中的作用越来越强。所有人都有可能是新信息的提供者，每个人都能及时对自己获取的信息做出评价、进行反馈、予以补充，群众在信息制造与传播中的参与更加热情、主动。

（一）社交媒体的"参与性"有助于产生"认同感"

Web2.0时代的媒体是以"人"为中心，而不是以"内容"为中心的媒介形式。社交媒体把人与内容的关系拓展深化为人与人的关系。社交媒体可以吸引对某一话题、某一活动感兴趣的公众主动参与其中，这些公众既作为受传对象，更为重要的是他们同时也是传播者，具有"主人翁"般的参与热情与责任意识。公众的这种既是消费内容的受众，又是创造内容的传播主体的双重身份，更容易使他们对所传播的内容产生"认同"感。

（二）社交媒体的"对话性"有助于增强国际传播的亲和性

社交媒体是双向互动、多向传播的，因此具有话题草根性与传播扁平化等特点，它打破了信息由上而下的单向流动，而具备了上下互通的"对话"机制，这一点在现代社会体制下尤为重要，"对话性"能增强国际传播中不同民族、不同种族之间的"亲和性"，从而使得传播对象愿意接纳国际传播的内容并促进内化与认同的产生。

（三）社交媒体的"跨界性"有助于拓展国际传播的边界

社交媒体具有很强的连通性，它可以将不同的媒介产品、媒介渠道连接起来，同时也可以将虚拟与现实即"线上线下"的公众们连通起来。这种"跨界性"的特点，可以很好地拓展国际传播的疆域，在多种链条、多种传播的碰撞中实现国际传播效果的最大化。

第二章　国际话语权与国际传播

话语传播对话语权的影响至关重要。一个国家话语权的大小，很大程度上取决于国家的国际传播能力。而话语权作为文化软实力的重要组成部分，关乎国家在国际竞争中的利益问题。本章分为国际传播与国际关系、国际传播与国际话语权、当代国际传播格局三部分。

第一节　国际传播与国际关系

一、国际传播相关概念

（一）传播的含义

"传播"从字面上理解指的是一种动态的行为，即传送或者散布的意思。当前对传播的定义说法不一，有学者对传播的概念从共享、影响、反应、互动以及过程等层面进行解读。由此，它的定义就是"人类通过符号和媒介交流信息以期发生相应变化的活动"。也就是说传播通过一定的媒介承载相关内容，把信息传递出去，以使更多人能够获得、掌握这些信息。

具体而言，传播包括以下几个层面。一是传播是人类的一项社会活动。我们人不仅仅是信息内容的传递者，还扮演信息接收者的角色，即传播者既是主体又是受众。二是传播是信息的交流。传播过程其实就是人与人之间进行信息交换的过程。在这个过程中人与人之间就思想和观念进行交流，从而相互影响、作用和制约。三是符号和媒介是传播必不可少的。符号其实是信息内容的具体表现，而媒介则是符号以物化形式展现的载体，即符号与媒介在传播活动中起到桥梁的作用，是传播活动得以实现的前提。四是传播的目的是达到预期的结果。在传播活动中，参与传播活动的人，不管是传播者还是信息接收者，都是有目的、有动机的。

由此，传播就是传播者带着某种目的并依靠一定的媒介和信息在人与人之间进行信息交流的活动。

（二）国际传播的内涵及作用

1. 国际传播的内涵

简单来讲，国际传播可以理解为在不同种族、国家以及国际组织之间进行的传播。如果从传播的视域来看，其可以分成广义和狭义两个层面进行界定。

从广义的层面来讲是指人际与大众传播，而从狭义的层面来讲是指大众传播。由于篇幅的限制，这里主要从广义的维度进行解读。一是大众传播是指社会相关媒介组织通过报纸、电影、广播、电视、网络等大众媒介公开向社会国际方面传递信息的过程。二是人际传播则指的是政府、组织甚至个人在国际或者社会中进行人与人之间的交往，并进行相互的信息传递、意见交换以及情感交流的传播活动。

2. 国际传播的作用

国际传播能力的提高对于国家的文化软实力、执政能力的增强至关重要。由此，国际传播的作用体现在以下几个方面。

一是从政治方面看，在当前的国际局势下，各国政治复杂而又多变，但权力和利益始终是角逐与维护的核心。但在和平与发展的主题背景下，各国推进本国的国际传播能力的建设，以促进国际新秩序和相应规则的建立。

二是从经济方面看，伴随经济全球化的扩展与深入，国与国之间的交流越来越密切。想要提高本国的国际地位而不被边缘化，那就需要不断提升国际传播能力的建设，不断赢得国际社会的认可和树立良好的信誉形象，以形成良好的国际经济交往关系。

三是从文化方面看，国际传播是世界文化进行交流互动的助推器。文化的国际传播或多或少带着一定的目的，各国都在努力对外传播自己的文化价值观念，以提高国际影响力和文化软实力。也就是说加强传播能力的建设，是提升国际话语权和国家综合国力的集中体现。

(三) 国际传播的构成要素

国际传播能力能够得到有效实现,是由于在这个过程中具备了基本的要素。根据传播学科的理论,将传播要素分成五个部分进行研究。即传播五大要素为传播者、受传者、讯息、媒介和反馈。也就是传播主体层面、受众层面、内容层面、媒介层面以及效果层面。

传播要素的五个部分相互作用、相互制约。一是传播者。传播者即传播过程中发出信息的主体。从规模来看,传播者可以是一个人或者多个人,也可以是一群人;从身份结构看,可以是国家,抑或者社会机构和社会普通成员。二是受传者。受传者指的是受众,也就是信息的接受者,能够对传播信息能动地反映。受众相对于传播者发起信息传播的过程来说,其具有被动接受信息的特性。受众对信息的反映受到环境因素、文化以及习俗等多方面的影响。三是讯息。讯息指的是传播的信息和内容,双方进行交流互动需要依赖一定的内容才能实现。在交流过程中内容的完整、真实以及有意义至关重要,这样才能使双方形成一定的共识,才能对信息进行交换。四是媒介。"媒介就是插入传播过程之中,用以扩大并延伸信息传送的工具",即传播的渠道,是信息内容能够传递出去的通道。同时它又是信息传播的物质载体,把传播过程的各个要素有效地连接起来,起到桥梁的作用。五是反馈。它指的是受众在接收到信息后,会根据自身的需要或者感受做出一定的反应。反馈作为传播的最后一个步骤,容易被忽视。在信息传播后需要时刻关注受众在思想和行为层面的变化,关注、收集和整合受众的反馈信息,有助于对传播的效果进行合理的评价。

由此,阐释清楚传播的五大要素的相关内涵,并厘清它们之间的关系,是推动当代中国价值观进行国际传播的首要前提,并为路径的研究提供理论的支撑。

二、国际关系观的内涵与特征

(一) 国际关系观的基本内涵

1. 相互尊重是前提

新型国际关系观将"相互尊重"视为国家间交往的前提条件和基本保障,致力于变革"国强必霸"的国际关系旧思维。一方面,将主权平等视为核心要义。相互尊重强调尊重彼此的核心利益和重大关切,反对以大欺小的强权逻辑,在良性互动的基础上实现共生共存,是主权平等原则的深化和具体化。正如习近平总书记指出的,"中方一贯主张,国家不论大小、贫富、强弱,都是国际社会的平等一员,这是构建新型国际关系应有之义"。另一方面,将求同存异作为基本要求。在共同利益不断增加的国际社会,承认国家发展具有相对独立性的现实情况,反对输出本国模式、干涉别国内政的霸权行径,尊重彼此发展道路、发展模式和发展权利,共同促进国际秩序的合理化变革,"我们应该求同存异、聚同化异,共同构建合作共赢的新型国际关系"。

2. 公平正义是准则

"公平正义是世界各国人民在国际关系领域追求的崇高目标。"习近平总书记将"公平正义"纳入新型国际关系的内涵规范中,就是要超越实用主义、功利主义、物质主义取向和竞争博弈法则,推动建立符合全球公益的交往互动新模式。一是倡导推动国际关系民主化。新型国际关系观基于联合国宪章的宗旨和原则,反对将实力地位视为"有道理""有道义"的判别标准,主张平等协商解决全球性问题,涉及大家的事情要由各国共同商量来办。二是主张推动国际关系合理化。新型国际关系以国际权力结构变动为依托,促推全球治理体系的合理化变革,增加发展中国家在现行国际机制中的代表权和发言权,"适应国际力量对比新变化、推进全球治理体系改革,体现各方关切和诉求,更好维护广大发展中国家正当权益"。三是致力于实现国际关系法治化。基于国际法和国际关系一般准则,倡导切实维护国际规制的权威性和严肃性,反对"双重标准"和盲目实用的"退出主义"倾向,做到权利、责任、义务三者的有机统一,实现国家互动过程和结果的公正性。

3. 合作共赢是目标

新型国际关系观将"合作共赢"视为根本要义,"以合作取代对抗,以共赢取代独占,不再搞零和博弈和赢者通吃那一套",致力于实现互利共赢式国际合作。一方面,将合作视为国际关系的主旋律。在霍布斯丛林规则的笼罩下,传统国际关系理念将国家间的交往模式简化为权力斗争,零和博弈的国际政治悲剧不断重演。新型国际关系观基于对国际政治的深刻理解和时代大势的准确判断,将合作视为解决问题、应对挑战的唯一可行方式,积极塑造正向互动方式和常态化的相处模式,增强国际关系的正和博弈。另一方面,将共赢视为国际合作的核心目标。新型国际关系观秉持正确义利观,坚持平衡普惠、共同发展原则,将共赢理念贯彻到国际交往的不同领域、不同层次和不同主体,形成责任共同体、利益共同体和发展共同体,以双赢、共赢和多赢的正向激励引领国际合作。

(二)国际关系观的鲜明特征

1. 逻辑性

作为新时代中国外交理论的创新发展,新型国际关系观是一个内涵丰富、逻辑统一的思想体系。一是逻辑体系连贯。新型国际关系观基于政治、伦理、经济三个维度,内含统一深刻的逻辑脉络。相互尊重是逻辑起点,基于平等交往、良性互动的政治逻辑,突出主权平等。公平正义是伦理要求,基于平等公正的伦理视角,反对霸权独占。合作共赢是核心理念,基于共同利益的经济逻辑,致力于克服集体行动困境。二是涉及国家交往多样领域。新型国际关系就是要把合作共赢理念贯彻到对外合作各方面,推动国家间交往模式的变革。三是涵盖国际社会多元主体。新型国际关系的构建既着眼于大国、发展中国家、周边国家、国际组织等多元主体,也包括新型大国关系、新型南南关系、新型南北关系、新型周边关系等不同表现形式。

2. 时代性

"和平与发展是时代主题,也是不可抗拒的历史潮流。"新型国际关系观是以习近平同志为核心的党中央把握世界和平发展大势,对国际关系前进方向做出的前瞻性思考。首先,继承和发展了中国和平外交政策,蕴含明确的和平主义底色和人类主义情怀,是和平共处五项原则的理论深化和时代升华。其次,以共同利益为基础,将"共同发展"视为国家互动新模式的重要引领,统筹国家利益与全球公益。最后,通过变革"倚强凌弱、赢家通吃"等国际关系旧思维,将合作共赢理念贯穿国家交往实践,推动国际关系合理化演进和适时性发展,是顺应世界发展大势的理性选择。

3. 创新性

新型国际关系观实现了对个体主义、理性主义等西方国际关系理念的重大超越。首先,以相互尊重超越丛林法则。民族国家产生以来,倚强凌弱丛林法则便成为国家交往的"理性选择"。新型国际关系观旗帜鲜明地倡导国家无论大小、强弱一律平等,使平等性复归国际关系,强调尊重差异、求同存异、聚同化异,以包容性推动形成美美与共的共同体。其次,以合作共赢超越零和博弈。新型国际关系观将合作共赢作为核心理念,突出国家交往的互惠性,最大限度地凝聚了推动发展的国际合力。最后,以整体主义消解个体主义。

个体主义理念主导下的国家交往模式强调差别和对立，具有浓厚的意识形态色彩和国家中心主义特征。新型国际关系观秉持人类整体主义理念，以公平正义反对霸权行为，将国家利益置于人类整体利益的大框架下。

4. 实践性

党的十八大以来，中国求真务实将合作共赢理念贯彻到国际关系实践中，为推动构建新型国际关系树立榜样。在政治上，坚持"对话不对抗、结伴不结盟"的外交理念，与100多个国家和地区组织建立不同类型的伙伴关系，形成了遍布全球的伙伴关系网络。在经济上，坚持"互利共赢"的开放原则，持续放宽市场准入，设立18个自由贸易试验区，营商环境在全球190个经济体中排名第31位。

提出"一带一路"倡议、举办进口博览会等，不断推动全球经济开放。在安全上，努力营造共享安全新局面，积极参与联合国维和行动，成为派出维和人员最多的安理会常任理事国和联合国第二大维和摊款国；开展亚丁湾和索马里海域的护航行动，派出护航编队为国际船舶护航。在文化上，推动不同文明间的对话，举办了多场"文化年""文明对话大会"，促进了不同国家间的文化交流。

5. 中国特色

新型国际关系观继承并发展了中国外交理念和实践经验，具有鲜明的中国特色、中国风格、中国气派。一是"和合共生"的中国特色。"你输我赢、赢者通吃不是中国人的处世哲学。"不同于零和博弈的竞争思维，新型国际关系观以和衷共济、和睦相处的和合文化为基底，"仁义""共生"的中华和合文化特色浓厚。二是"和平发展"的中国风格。中国共产党深知和平对于国家发展的重要意义，新中国成立之初便将独立自主的和平外交政策作为国际交往的重要法则，从和平共处五项原则、和平与发展的时代主题到和谐世界理念，都彰显了明确的和平发展追求。三是"协和万邦"的中国气派。新型国际关系观以"相互尊重、公平正义、合作共赢"为基本内涵，主张将合作共赢贯彻到政治、经济、安全、文化各个方面，无不显示"以利天下"的大国气派。

三、国际传播对国际关系的影响

（一）促进世界整体观的形成

首先，国际传播促成了不同国家间不同文化的交流，束缚人们认知世界文化多样性的局限被进一步破除；对各个民族文化的历史以及发展现状进行了深入详细的介绍，深层次、多角度地将一种文化向另一种文化进行展示；异质文化的跨地域活动得到了有效的促进，异质文化的交流便捷性得到了极大的提升。国际传播使人们能够更加全面地了解民族文化的优点以及民族文化的不足，加深了人们对世界整体观的认知，开拓了人们的视野，某些国家和民族以自我为中心的意识被有效破除。

其次，世界整体观的形成因全球问题的传播得到了有效的促进。所谓的全球问题就是指一些当代国际社会中所发生的超越国家地区界限，与整体人类的发展与生存有着紧密关联的问题。但是由于各个国家和地区之间的凸显程度并不相同，难以平衡问题的严重程度与解决力度。与这些问题关系相对较远的国家与地区并没有形成良好的防范意识。在这样的状态下，全球问题既得不到解决，甚至还会造成同一问题跨时区、跨地域地重复性出现。

任何问题的充分解决都建立在具备充足信息的基础上，而国际传播则恰恰能够把部分国家以及地区面临的全球性问题向全世界进行介绍，促使人们的防范意识得到充分的提升，真正做到防患于未然。与此同时，国际传播还能够将一些国家解决问题的经验以及措施分享给其他国家，形成良好的推广局面，有利于人们从中进行选择，真正实现信息资源共享的目标。对于人类理解自身共同命运的方面而言，了解全球问题有着十分重要的现实意义，这也与全球范围内的国际交流以及信息传播有着十分紧密的关联。

（二）国际传播能够促进国际关系的变革

引发国际关系变革的因素是多方面的，其中就包括国际传播的积极影响。

首先，国际传播能够极大地丰富外交信息资源。现代社会中国家与国家间竞争的重要手段之一就是信息资源的竞争，所掌控信息资源的多少在很多情况下能够直接决定该国在国际行动中的影响力，因此各个国家甚至不惜各种代价来获取对自己有益的信息。得益于当下先进的信息传播技术以及网络技术，全球范围内的高速度、大容量国际传播真正实现。同时，针对报道的人物与事件，国际传播还能够进行深入的分析，为各个国家提供有效的科学依据，成倍地增加了国际关系信息资源，为各个国家外交行为的确定性提供了充分的保障。但同时，这种情况也会让各个国家对信息展开更加激烈的争夺。

通过对近年来的国际关系进行充分的梳理总结可知，国际传播开始成为各个国家开展外交活动的重要手段，我们可以发现，西方国家对发展中国家文化以及思想有着十分明显的渗透现象，这也能从侧面说明，当前国际关系中最为重要的一个外交阵地就是国际传播。

其次,国际传播能够有效地促进国际行为的多元化发展。国际组织是任何外交领域中重要的组成因素,我们十分有必要建立某些组织来解决这些因为国际传播而造成的矛盾。在国际外交领域中,因为这些新型国际组织的建立而有了更多的新成员,其坚守发展中国家一致化的立场,充分发挥自身的力量,在国际传播新秩序的斗争中不懈努力,国际舞台也因此变得更加丰富。

(三)国际传播对国家主权的挑战

对外独立自主权的表现以及对内最高统治权的表现是国家主权的根本。而对于国际传播的领域而言,掌握和控制本国民众的信息交流是国家的基本权利。但是,当下国家已经越来越难以控制国际传播的信息流,国家主权因为国际传播而受到了强烈的冲击。

当下快速发展的国际传播,大大削弱了国家控制信息的能力,很多国家并不会容忍其他国家插手或干预本国的问题,但是与此同时也迫不得已需要分出一部分的精力来回应这些强烈的国际反应。

当下国际传播的技术越来越发达,不断消减能够对信息获取造成阻碍的因素,信息的传播不仅在向着国际化的方向发展,同时也在向着个人化的方向发展,人们借助先进的移动设备能够更加便捷地获取多种信息。

第二节 国际传播与国际话语权

国际话语权是话语权在国际政治领域的延伸,主要是指行为主体就国家或国际相关事务发表观点、阐述意见,在参与国际事务的过程中以维护自身国家利益为前提,致力于提升本国在国际社会中的影响力和号召力,其核心是维护本国的国家利益。国际话语权主要包含话语主体、话语内容、话语受众、话语传播、话语反馈五个方面的要素,不仅可以设置国际议题、制定国际规则、引导国际舆论,还能传播国家理念、评议国际问题、决策国际事务。作为一种非强制权力,国际话语权在评判国际事务、制定国际秩序的同时,也间接地塑造了本国的国际形象。

随着经济全球化浪潮的推进,国际话语权的角逐已延伸到文化等国家软实力领域。国际话语权不仅是一种权力,更是一种能力。作为国家权力的重要组成部分，国际话语权是衡量一个国家实力、国际影响力和感召力的重要指标，它与军事、经济等物质性权利一样，本质上都是一种权力。此外，国际话语权作为一种非强制权力，是通过外交、国际交流等方式，将蕴含文化价值、意识形态等方面的话语传播到国际社会并促进他国认可和接受的能力。总体而言，作为国家软实力强弱的体现，国际话语权立足于国家利益，在国际社会中发表意见，赢得他国的认可与尊重，并发挥国际影响力。

一、国际话语权的意识形态形成逻辑

在当今经济全球化时代背景下，国际话语权一方面突出表现为国家综合实力和话语掌控程度；另一方面反映了主权国家在国际舞台上为维护自身价值观念和生存发展的利益诉求，这一切行为从本质上来说就是主权国家的话语国际影响力。国际话语权的生成逻辑从意识形态的本质特性出发，深刻分析国际话语权背后的共同利益需求和价值理念，这是研究国际话语权的根本动因。国际话语权的生成过程首先是国际话语主体把维护自身的"特殊利益"转化为代表集体利益的"共同话语"，并向国际话语受众传播代表全人类共同利益的价值理念，从而形成系统的话语规则，引领构建新型国际政治格局。

（一）国际话语主体对共同话语的转化

国际话语主体是代表国家利益的统治阶级和国家需求的主张者，国家作为国际话语主体的主要表达者，其"说话"的目的和争取国际话语权的动力是表达和维护自身的特殊利益。在《德意志意识形态》一书中，马克思、恩格斯提出："每一个力图取得统治的阶级，即使它的统治要求消灭整个旧的社会形式和一切统治，就像无产阶级那样，都必须首先夺取政权，以便把自己的利益又说成普遍的利益。"这不但向读者们证明了政权对于统治阶级的重要性，更揭示了意识形态的本质特征，即把"特殊利益"说成"普遍利益"。统治阶级为了维护自己的统治和取得更多阶级的支持，总会把自己的利益说成全社会成员的利益。而实际上统治阶级建构的"虚假的意识形态"只是用普遍性的外表掩盖其特殊的利益。因此，意识形态普遍性就是将国际话语主体的利益需求上升为国际社会普遍的价值取向，最终实现话语主体的根本利益，巩固其在国际舞台上的领导地位。

以美国为例，在美苏争霸期间，美国作为资产阶级的代表为维护自身统治阶级的利益，对世界其他国家进行资本主义价值观念的文化入侵，并以各种手段传播资本主义思想的优越性，将维护自身的"特殊利益"转变为引领全世界价值观的"普遍利益"，以美国为首的西方资本主义国家实现了在国际舞台上的话语主导权，并间接使苏联土崩瓦解。然而，随着经济全球化进程的深入发展，国际格局发生剧烈变革，"一超多强"的多极化世界格局形成，在世界范围内多个力量中心相互制衡和牵制。面对美国的话语霸权，新型崛起的各个国家积极寻求突破美国"普遍利益"的价值导向，争取把"普遍利益"转化为"共同利益"，以世界各国的共同利益需求引领集体力量发声，构建共同话语，提升多极国家的国际话语权。

在国际政治格局不断发展和变化的前提条件下，任何代表本民族和国家的价值观念都不愿意被他国的意识形态所侵蚀，每个国家都有在世界范围内争取国际话语权和实现自身国家利益的强烈意愿。因此，在和平与发展的时代主题下，世界各国的根本利益需求是一致的，国际话语主体间通过话语来表达自身的价值理念和发展意愿，在具有优势的话语主体的引领协调下，将普遍需求转化为共同话语，让优势话语主体为世界各国共同利益"说话"，真正实现将"普遍利益"转化为代表全人类共同价值追求的"共同话语"。

（二）国际话语受众对话语价值观念的认同

在经济全球化的浪潮下，国际话语权是在一个不同思想不断交锋和不同文化相互交流互动的国际社会中建构的，西方发达国家对发展中国家的话语霸权和价值观念的操控，已经不能被积极寻求国际话语权的发展中国家所认同和接受，国际话语主体与话语受众之间要积极主动寻求有效、合理的互动机制，只有这样才能协调好各国之间的话语关系，为促使国际话语权生成提供保障。

国际话语权体现的是国际话语主体对话语接受者的主导控制能力，话语主体会采用一种"非暴力、非强制的方式"来对话语接受者进行思想传播，同时这些思想也会上升为国家主张来逐渐转变为世界性的主张。具体来说，国际话语权是主权国家追求以代表自身利益的话语体系来操纵国际事务和制定国际规则，从而实现自身在国际社会的中心地位。在西方国家，他们会在话语传播的过程中将维护自身利益的意识形态价值观念以潜移默化的方式深入世界其他话语受众的国家，"把'特殊利益'说成全世界的'普遍利益'"，以实现对国际政治格局的掌控。然而，中国作为新兴的世界大国，在追求国际话语权的道路上始终把"共同利益"作为话语权生成的逻辑起点，积极寻求自身利益与世界各国利益的共同点。习近平总书记指出，各国人民形成了你中有我、我中有你的命运共同体。国际社会在认同接受主权国家处理国际事务的应对方法和基本原则后，实际上也就

第二章　国际话语权与国际传播

承认接受了这一国家的文化观念和价值理念,而这一国家也就在此机会上获得了话语权。在国际政治活动中,面对全人类共同的困难与挑战,只有能有效解决问题并为当前人类社会做出实质性贡献的国家,才能真正掌握国际话语的主动权。在和平与发展的时代背景下,世界各国各民族的共同利益追求是实现共同繁荣。中国作为有责任有担当的世界大国,倡议构建人类命运共同体,将全人类的利益追求上升到世界话语的表达,只有真正代表全世界人类共同利益的话语表达,才能在向话语受众传播的过程中得到认可和接受,才能在国际交流中切实提高话语影响力。

(三) 国际话语规则对国际政治格局的掌握

话语作为语言符号和价值观念的统一体,其背后隐藏着突显权力的斗争力量,这种斗争力量同时也是支配话语的国家利益、意识形态、价值观念的争斗。在话语的深层是一种抽象的、不会被人轻易发现的东西,是一种控制话语主体所思所想从而影响接受话语的人言行的功能系统,换句话说就是看不见的一种叫权力的东西在支配话语运行过程中的各种规则和秩序,所以说,制约人们说什么和为什么要说的关键是话语规则。在国际交流中,话语按照什么样的规则和秩序去说,其真实反映的是国际话语权与国家综合实力、意识形态之间的关系,按照什么样的话语规则制定国际政治格局,是国际话语权生成的最终目标。国际话语霸权在西方发达国家之所以能够生成并传播,就是因为综合国力作为国际话语权的坚实基础,其超强的国家经济、军事硬实力和文化软实力为话语建构提供了有力的保障。综合国力的强大实际上就说明了国家经济实力的雄厚,就意味着在国际事务上有"说话"的权利。另外,国际话语权的提高有助于增强综合国力。话语权在设置国际议程和制定国际规则的过程中,把话语优势转变为规则优势,从而获得更多经济、军事、文化发展空间,提升国家的综合实力。同时,国际话语是国家意识形态的话语表达。国家意识形态从本质上看就是统治阶级的思想观念和意识形态,然而国家利益的表现形式主要体现在国家人民整体利益上,所以说国家意识形态在国际关系或对外关系中具有国民性或民族性。在国际关系中,国际话语权能被广泛接受的真正原因是话语背后隐藏的意识形态价值观念能被国际社会所认同,所以,国际格局的形成也要遵循被广泛认同的话语规则。总而言之,谁掌握了国际话语规则谁就掌控了国际政治格局。一个国家只有将强大的综合国力转化为话语权,才能将代表自身利益的意识形态传递给世界其他国家,才能制定形成被各国人民广泛认同的话语规则,从而在国际政治格局中获得中心地位和影响力。

二、提升国际话语权的重要意义

伴随着经济全球化近几年来的深入发展，国际舞台上各国之间综合实力的对比也在不断发生消长变化，作为一个国家国际影响力的重要组成部分，国际话语权的竞争领域也变得越来越广泛。有学者曾对话语权表达过这样的观点：虽然每个人都拥有说话的权利，但有些人的音量比较大，比如他掌握着某种权力，操纵着某种国家机器，拥有某种财产；有些人的音量比较小，因为一没有权、二没有势、三没有财。其中"音量比较大的人"，实际上在社会中拥有着绝对的话语优势，掌握着话语霸权，而"音量比较小的人"，就不能肯定他是否确实拥有了说话的权利，基本上只能属于自言自语、自我消化，国际社会的现实大抵也是如此。

如果人们能够认真反思当前世界格局中的话语霸权现象，深入剖析不难发现，话语霸权会造成极其严重的后果：首先，世界人民就会被谎言所欺骗，事实真相就会被人为创造出来的假象深深掩埋，光明的未来就会被幻想欺骗代替，比如说"物质与野蛮的落后地区"等西方世界对近代东方世界的解释阐述，不仅歪曲否定了东方历史中进步的意义，还潜移默化地唱衰了现代的中国社会，包藏祸心；其次，话语霸权还会导致世界人民形成错觉幻觉，发达国家就一定比发展中国家优越，一定要征服和改变发展中国家，人为地制造国际等级，不自觉地扩大国际社会裂痕。因此，对于国际舞台上处于劣势的主权国家来说，抵制话语霸权，加强自己话语权能力的建设，扭转在国际话语权格局中的不利地位，提升国家的国际话语权具有非常重要的意义。

第一，有利于传播本民族文化，输出本国客观正确的价值观念，扩大理念贡献，在国际舞台上塑造良好的国家形象。在经济全球化趋势下，主权国家要想在国际社会中发出自己的声音，被广泛认识和理解，就必须要加强自身与不同文化之间的交流与对话，只有走出去，自己的民族文化才能被世界接受。从实践情况来看，近几年随着中国综合国力和国际地位的提升，"中国故事"传递的价值观念逐渐被国际社会了解，中国在国际舞台上的影响力和亲和力也随之提高，负责任的大国形象也随之树立。

第二，有利于引导国际舆论议题设置，发挥本国的国际作用，增强政治权力。国际议题的设置和把控能力是一个国家国际话语权的重要表现，在有关自己国家利益的议题上和重大国际问题方面，积极主动引导，努力发出自己的声音，将本国的各种战略利益巧妙地结合在各种不同的议题中，营造有利的国际舆论氛围，才能更好地保护本国的利益。当今世界，各种全球性问题层出不穷，在广泛的全球合作和全世界共同治理的过程中，我国应承担相应的国际责任，充分发挥本国的国际作用，求同存异，协调共处解决问题，有效增强国家的国际地位和政治权力。

第三，有利于不断增强民族的凝聚力，全面提升国民信心，促进国家健康平稳发展。国际舞台上国家地位的提高以及国际作用的增强，都会赢得世界的尊重和认同，而这些都会转化为人民的自豪感，另外提升国际话语权的过程也需要国家和全体国民的共同参与，因此必然有利于促进民族凝聚力的增强，提升国民对国家的信心，潜移默化地提升国民的民族自豪感。

三、国际传播视角下国际话语权的提升路径

（一）推动构建公正合理的国际新秩序

长期存在的不公正国际话语格局和国际秩序已经不再适用于所有国家的发展诉求，也不能体现世界各国的利益需求。在当前的国际政治格局之中，西方发达国家对国际政治权力结构拥有绝对掌控权，并且在世界的发展格局中也拥有绝对力量，中国和其他发展中国家不得不接受来自西方国家在经济发展领域、政治建设领域以及国际交流规则上的不公正对待。因此，当前只有打破原有的发展模式，在"推陈出新"中主动构建公正合理的国际新秩序，才能在当前国际秩序持续施加压力的背景下，谋求发展中国家的正当利益。中国作为发展中国家的新力量，要主动从一个任人摆布的"服从者"，转变成一个寻求发展的"缔造者"，中国将继续不断增强自身经济硬实力和文化软实力，积极参与全球治理，为国际社会发展出谋划策，同时，还将主动拓展中国国际话语平台，为构建公正合理的国际新秩序贡献中国力量。

1. 增强综合国力，提升文化软实力

在当代国际话语权的争夺中，话语影响力的提升不仅表现在国家的经济军事硬实力上，更体现在国家间整体综合实力的对抗中。国家综合实力的发展，一离不开经济硬实力，二离不开文化软实力，其中经济硬实力是国际话语权提升的物质基础，需要我们继续以推动经济高质量发展为中心，坚持科技创新，提升国家综合竞争力；还需要不断加强文化软实力建设，通过弘扬中华优秀传统文化、宣传中国文化价值理念，提升话语自信，重塑中国国际形象。

(1) 在经济发展领域

经济基础决定上层建筑，国际话语权的提升与发展离不开强大的经济实力作为话语基础。回顾近代中国的屈辱历史，正是因为我国与西方列强有巨大的经济和科技差距，中国面临着来自被西方列强侵略、瓜分甚至是灭种亡国的危机，国家落后的综合实力使中国长期处于被欺负的地位，更不可能具备表达话语的权利。中华人民共和国成立以来，我们摆脱了被发达国家侵略和欺辱的历史，中国共产党带领中国人民实现了由被宰割被侵略向独立自强的转变，并逐步实现了中华民族的伟大复兴。因此，经济发展是一切的基础，以经济建设为中心是亘古不变的原则，要推动我国经济高质量发展，不断提升国家综合实力，为中国国际话语权的提升提供有力的依靠。另外，在发展经济的基础上，唯有科技文化的创新才能保障国家长远发展。创新是推动国家、社会、民族不断向前发展的关键力量，更是实现社会公民个人发展的不竭动力。为了使国家不再受其他国家的侵略，要加强军事建设，只有拥有强大的军事科技基础，中国才能在面对外来威胁时有坚固保障，才能在国际舞台上有表达态度的底气。同时，还应加强国际合作。在经济全球化的时代背景下，各个国家社会成员之间是紧密联系、命运与共的整体，中国的发展和进步离不开国际社会这个大集体，要在提高自身创新能力的基础之上，加强与国际社会的交流互动，鼓励支持我国创新产业走出去的同时吸引国外优秀高新产业走进来，形成良好互动机制，促进我国在国际合作中提升自身的创新能力。

(2) 在文化发展领域

最重要的就是要积极弘扬中华优秀传统文化，发展和传承中华优秀传统文化的精华。中华优秀传统文化中包含着诸多深刻的价值理念，像合作共赢的义利观、兼收并蓄的文化观、天下大同的价值观等，这些思想不仅体现了中国人民对于人与自然、国家与国家之间的相处问题进行了深刻的思考，更是为传播人类命运共同体理念提供了价值导向。中国应不断强化自身文化价值优势，充分发掘中华优秀传统文化的深刻内涵，并提炼出新的时代色彩。其次，还要发展文化产品，增强世界人民对中华文化的认同感。近年来，随着中国国际地位的提高，越来越多的中国民间故事和中国形象被西方国家所推崇，美国梦工厂电影《功夫熊猫》、迪士尼电影《花木兰》都借用了中国故事来向中国宣扬西方文化价值。当前，中华文化的发展还要发展文化衍生品和附属品，将文化产品符号化，形成突显中国文化价值理念的文化产品，推进文化宣传，加强文化交流与互动，在提升国人对于中华优秀传统文化的自豪感的同时，积极向世界宣传中国优秀文化的价值理念，增强世界人民对中国传统优秀文化的认同感。

（3）在全球经济发展领域

中国主动与世界贸易组织、国际货币基金组织保持亲密的交流与合作，在不断提高自身经济实力的同时也为世界各国的发展贡献自己的力量，为推动全球经济积极健康发展做出了巨大贡献。在政治发展建设领域，中国充分尊重各个国家的主权意识，在建设发展自身的同时，积极向他国介绍中国改革成功的经验与方法，彻底抛弃"修昔底德陷阱"理论，和世界其他国家共谋发展。在维护世界和平领域，中国作为联合国的常任理事国，坚持以联合国宪章及公约为核心，积极化解国际争端，在国家间的主权争斗问题上立场鲜明，坚持以和平对话的方式解决冲突，促进多方会谈。在全球公共卫生安全领域，中国积极应对此次新冠疫情，主动向世界各国分享抗疫经验，传授中医治疗方法，输送医疗用品和医护人员队伍。中国在国际机制中发挥了举足轻重的作用，世界舞台上有更多的国家愿意倾听中国话语和中国方案。

2. 积极参与全球治理，赢得主动地位

当前，西方学者所提出的全球治理理念是为满足自身发展需求服务的，长期以来的霸权主义和强权政治使得发展中国家在国际格局中的不平等地位没有得到实质性改变。另外，由于全球治理中存在许多不完善的制度和机构，很多国际问题和合作领域长期缺乏有效的调整规则，这就导致一些国家对全球治理丧失了信心，不满情绪高涨，希望寻求建立新的全球治理体系和规则。"人类命运共同体"作为中国对当代全球治理体系建设的有效补充，是适合大多数国家的全球治理理念，能改变当今既不公正又不合理的国际秩序，它是适合发展中国家改变自身境遇的有效措施，更是迎合当下全人类共同发展的价值追求。在这一过程中，中国不再同西方发达国家一样，试图以霸占国际格局中的主导地位和掌控全球规则的自私方式建构全球治理体系，而是坚持"共商、共建、共享"的价值理念，以坚定、自信、负责任的大国形象为世界搭建公平合理的国际新平台，构建全球治理新方式。

对此，中国要做到，在与世界各国合作交往的过程中，以遵守联合国宪章规定为基础，与其他国家共呼吸、同发展，积极为世界银行、世界贸易组织、联合国等国际组织贡献中国建议和方案。同时，向世界宣传中国"一带一路"、丝路基金、金砖银行、亚投行等蕴含"中国价值理念"的国际公共产品。习近平总书记也多次在全球会议中呼吁，在全人类面临的共同危机和困难面前，没有任何一个国家可以独善其身。因此，习近平总书记发起构建"人类命运共同体"的倡议，是对全球治理体系内涵的全新解释，更是为构建当今公正合理的国际秩序提供了新思路、新方法。在中国所倡导的新发展理念下，世界各个地区的国家与人民无论富强与贫穷，无论是什么肤色的种族，作为同住地球的命运共同体都有平等参与全球治理和各地区事务的权利。中国将继续坚持走合作、可持续的公正道路，在未来全球治理进程中，继续发挥自身至关重要的作用。

3. 开展文化交流，拓展国际话语平台

目前，中国想要在国际话语权领域取得较大的进步，不仅需要提供先进的理念，还必须要在此基础上提供更多话语平台，拥有更多说话的机会和机遇，让国际社会在多层次、多领域听到中国的话语声音，这样才能更加有效地提升国际话语权。

中国作为国际社会运行机制的"新力量"，需要在现有机制基础上发掘更多话语平台，充分利用中国地理优势，发挥周边国家战略优势，不断扩大在国际社会中的影响。"中国将始终把周边国家置于外交的首要位置，将不断增强与周边国家的交流与合作，促进周边地区的和平、稳定与发展。""一带一路"倡议的推动将更加深化中国与沿线国家的经济贸易、人文教育的往来，与此同时，交往过程中所带来的价值理念、制度体系的差异必然也会带来冲突与摩擦。习近平总书记也多次重申"亲诚惠容"的发展理念，与邻为善，在积极开展文化交流、拓展与其他国家伙伴关系建设的同时，积极寻找双方价值共同点，谋求共同发展。

(二) 破除西方对中国的认识偏差和话语垄断

1. 克服西方对中国的偏见

近年来，伴随着中国前所未有的历史性跨越式发展和经济腾飞，国际社会对中国的偏见与误解从未停止。"木秀于林，风必摧之"，一些国家由于对于中国的崛起和发展怀有戒备心理，不能以正确的眼光正视中国的腾飞，对中国持有怀疑和敌意，试图破坏中国国家形象来维持自身地位。尤其在此次疫情的冲击下，中国作为唯一经济增长的国家，让西方发达资本主义国家感到不安。中国的崛起是否会引发新的世界战争？中国的强大必然威胁其他国家！面对世界各国的发问和西方国家的刻意抹黑，中国多次在国际舞台上发言，始终坚持用实际行动向世界证明，中国作为"以和为贵"的大国，积极谋求建立一个持久和平的世界。

国家领导人在出席世界各地的会议时，不断强调中国会坚定不移地做国际社会的和平使者，积极为和平发展付诸行动。纵观全球，中国与世界多国构成了密不可分的伙伴关系，新时代的中国既要不断与世界各国保持亲密友好的关系，更要维持好与现有伙伴的关系，只有平等相待、互相信任、互帮互助，才能维系好中国的朋友圈。中国坚持不争霸也不称霸，始终秉持着互相尊重主权和领土完整、互不侵犯、互不干涉内政、平等互利的原则与他国交往，也因此在面对文化差异的时候，中国以其开放、包容的态度，尊重文化多样性，不断学习借鉴，加强与不同国家的文化交流。中国孔子学院的广泛建立和对外汉语的普及，是为了促进中华优秀文化的传播和发展，同时，中国每年大批的留学生和交换生赴世界各国学习交流，也是为了学习借鉴他国的文化精髓，追求共同进步。中国有句名言"各美其美，美人之美，美美与共，天下大同"，西方国家不应只看到中国崛起给他们带来的利益威胁，更应该看到我们的地球村是多样的，要以谦虚的态度相互学习和交流，尊重每个国家和民族多姿多彩的文化。中国用实际行动向世界证明了自身的发展态度，那些抹黑中国的言论不攻自破。人类命运共同体理念的提出更加强了中国要求构建和平、安全的世界的美好夙愿。当前，只有积极应对中国的认识偏差，用行动破解不当言论，中国才能在国际舞台上塑造良好的国际形象，只有向世界其他国家抛出友谊的橄榄枝，才能不断提升国际社会认同，为中国国际话语权提升奠定良好的国际话语环境。

2. 凝聚价值共识，倡导人类共同价值观

自2020年新冠疫情暴发以来，面对突如其来的传染病危机，人类社会不仅在卫生健康领域面临严峻挑战，各国经济发展状况也发生了巨大的改变，国际格局和时代潮流也开始处于变革和调整时期。在这场全球公共卫生危机中，凝聚价值共识，倡导人类共同价值观，构建人类命运共同体的价值观念就显得尤为重要，习近平总书记指出："唯有团结协作、携手应对，国际社会才能战胜疫情，维护人类共同家园。"然而，西方发达国家凭借自身的经济文化实力基础，构建了一整套为自身利益服务的话语平台。他们利用话语优势在垄断的局面下对其他发展中国家话语内涵肆意解读，造成长期的认识偏差和话语不公正局面。然而世界始终是一个紧密联系的有机整体，作为地球村上命运与共的各个国家，在关乎人类生存和发展的重大问题上，应该坚持构建人类共同价值观，抛弃只为寻求自身利益发展的个体意识。中国作为国际舞台上的新兴大国，始终坚持中国传统文化中"天下大同"的价值理念，倡导合作共赢的义利观，认为人类应该构建共同价值观，在相互交流、合作的过程中为实现全人类共同繁荣发展而奋斗。

人类命运共同体理念作为一种全新的世界发展观念表达，已经让越来越多的国家和地区开始接受和平、公平、正义、自由的人类共同价值观，更增强了世界人民对于"国家好，民族好，大家才会更好""世界好，中国才能好；中国好，世界才更好"的国际认同感。中国积极寻求各国构建人类共同理念的提出给那些仍处在发展迷茫时期的国家点亮了前进的明灯，同时也引导其他国家和地区接受中国话语，从而为打破长期以来对中国的认识偏差，更好地提升中国国际话语权奠定了基础。

3. 展示中国成就，讲好中国故事

党的十九大以来，习近平总书记号召我们要讲好中国故事、传播好中国声音，这成为新时代中国树立国际形象、提高对外宣传能力的工作重心。中国只有不断发掘代表中国特色的好故事，并以良好的方式宣传给国际话语受众，提升对外宣传能力，拓宽发声渠道，才能在国际舞台上传播好中国声音，提高国际话语权。

为此，中国首先要做到充分挖掘中国故事。好的中国故事是围绕党和人民的。扫雷英雄杜富国在危难时刻舍己救人，用实际行动谱写了新时代革命军人的使命担当，凸显了中国人民无私的集体主义精神；杂交水稻之父袁隆平先生，用尽毕生的心血让全国人民吃饱饭；不仅如此，他还将水稻技术传授给亚非拉等贫困国家，用自己的行动向世界展示了中国互帮互助的大国形象。这样的故事还有很多，都反映了中国的主流价值观和中国人民的美好精神，我们只有善于发掘这些故事，才能为讲好中国故事、传播好中国声音奠定基础。同时，传播中国声音，不仅要有好故事，还要讲好故事。这里说所说的讲好故事，一方面是指我们要有文化自信，增强对外宣传的意识。中华文化积淀着中华民族最深刻的精神基因，新时代中国要准确把握国际发展趋势，积极宣传中国文化。另一方面，要不断拓宽宣传渠道，增强对外宣传工作的效用性，主动利用互联网优势，形成开放性、广泛性的传播机制，不断壮大媒体队伍和舆论机制，在体现中国特色和提高国际认知度领域做足功夫，为传播好中国声音提供支持。良好的中国形象本身就是对外交往活动中的一张重要名片，只有充分挖掘出体现中国精神的好故事，增强中国文化自信和积极向外传播的意识，不断地在国际舞台上进行发声与宣传，才能突破不公平的话语格局，突破西方国家对于中国的认知偏差和错误理解，打破话语垄断，为中国声音在国际舞台上开辟道路。

（三）提高中国话语国际传播能力

1. 创新话语载体和文化传播

要想提升中国国际话语权，不仅要提高中国在国际议题上的设置能力，促进学术话语的发展，更要让世界人民更好地接受和认同中国话语。中国要不断克服中西方价值观念的差异，将中国特色社会主义道路、中国模式更加准确地解释给国际社会。因此，话语内容和话语传播的创新要在中国当前的现实基础之上深化学理研究，注重学术话语建设，提高中国国际议题设置能力，让世界上更多的国家了解并认同中国声音，促进中国话语的有效传播。

首先，提升中国学术话语能力，提高话语质量。目前，国际学术界大多数的核心概念与技术由西方发达国家所掌握。要做到坚持马克思主义理论指导的中国特色话语体系，加强思想的原创性，立足中国发展实践，制定具有中国特色的学术标准。其次，在话语传播上，要做到传播的话语突出中国特色，更加体现人类的价值，让中国话语更好地被世界人民所接受。要以能被话语受众能接收的中国话语来解释我们在发展道路上所遇到的问题，同时在国际社会中，对于中国话语的表达翻译，要将词语内涵与中国人酷爱引用的诗词典故相结合，在传递话语本身内涵的同时也体现中国文化的博大精深，促进中国话语更加生动和亲和地被他国接收。中国话语的对外传播一方面要将本国价值理念和意识形态传递出去，另一方面更是为了在国际合作中加强中国与世界各国之间的沟通与交流，在合作共赢的基础上共同推动世界的繁荣与发展。所以，要想增强中国话语在国际社会的影响力和有效性，就要从中国话语中提炼出国际社会所共同认可的核心价值，要积极主动利用"人类命运共同体"的深刻价值理念，重点从与世界其他国家价值观念的相似点出发，在相互学习和借鉴的过程中增强中国国际话语的有效性。

2. 培养高素质的传媒队伍

话语只有被话语接收者深刻地记住，才能在其意识形态和价值理念中发挥主导作用。在当前信息化不断深入发展的时代，一个国家的对外媒体在进行话语传播和价值理念传递的过程中，话语的表达方式和方法以及传播的广度与深度是当前国际话语权领域的关键。因此，加强对外媒体队伍建设对于增强我国国际话语权有着至关重要的作用。

当前，培养高素质的传媒队伍，人才是关键。中国要想打造一批优秀的对外传媒队伍，就必须要把培养高素质传播人才作为首要任务。为此，中国要想打造一批强大的媒体智囊团,首先要意识到,中国的主流媒体在国际话语权领域传播的广度与深度都与西方主流媒体有着较大的差距,这也给我国国际话语的传播带来了较大的阻碍。因此,中国要做到传统媒体和主流媒体相结合,有效整合各种媒体资源和人才,同时,媒体人自身也要具备与时俱进的创新意识,转变思想观念,在重大问题面前有独立思考的能力,在坚定的立场中传播中国话语。另外,作为国家政策制定的核心集团,如中央党校、社科院、国务院发展研究中心,都应加强其传媒主导力量,让国家政策的核心话语更好地传播出去,突显中国传媒的专业力量。中国主流媒体在培养专业人才的同时,也要不断与外媒群体展开交流与合作,加强沟通与交流,实现我国主流媒体向世界主流媒体的转变。

3. 提高新型媒体传播能力

中国在国际话语权提升的过程中,不仅要加强传媒队伍的建设,更应该顺应信息化发展潮流,利用科技力量打造新型传播平台。同时,在5G、人工智能、区块链等技术的基础上,打造新型媒体,建设以内容建设为核心、先进技术为支撑、创新管理为保障的新媒体传播体系,不断提高新型媒体的传播能力,为中国国际话语权提升提供新机遇、新平台。

当前,为提高新型媒体的传播能力要做到以下几点。一方面,传播内容建设是核心。要利用新媒体的优势,不断优化传媒内容,丰富传播渠道,增强内容的时效性。在重大舆论事件上,发挥新型媒体的责任和担当,坚持以马克思主义理论为指导,突显中国特色社会主义的深刻内涵。另一方面,先进技术是支撑。当前,世界各地的媒体行业已经将技术驱动作为媒体发展的重要支撑力量。大数据、人工智能技术已经运用于内容创作、分发、宣传等各个环节。AI主播等人工智能产品也陆续出现。

新技术在媒体传播领域的广泛应用不仅提高了信息生产的效率,更提高了内容传播的效率。最为重要的一点,创新管理是保障。新型媒体是党和政府治理国家的重要工具,这就意味着媒体不仅具有宣传传播的作用,更要承担为社会资源服务的功能,帮助治理社会和塑造国家形象。因此,要加强对新型媒体的管理,提高其传播能力,以更好地为传播中国形象服务。要保持不断自我革新的、守正创新的精神,把握媒体融合发展的关键命脉,以更加广阔和带有深度的视野推动媒体纵深发展,加快建设一支水平一流的媒体,为塑造国家形象、传播中国话语服务。

第三节　当代国际传播格局

一、美国：全球唯一的传媒超级大国

毫无疑问，美国是当今世界传媒业的霸主。美国传媒之所以能称霸世界，不仅仅是因为它拥有一批世界上规模较大的传媒公司，像时代华纳、维亚康姆、新闻集团，更是因为美国的媒体已渗透到世界上的主要国家和地区，媒体产品遍布世界各个角落，对世界事务与国际政治具有强大的影响力。

通讯社是影响全球大众媒体的媒体，美国通过几大通讯社影响全球的大众媒体，进而影响到全球的受众。美联社与合众社是美国以批发方式向全球的报社、电台、电视台和互联网等大众媒体和其他机构发送国际新闻稿件与照片的主要机构。特别是美联社是世界上历史最久、规模最大的通讯社之一。通过收购世界新闻电视网并成立美联电视新闻机构以后，它不仅保持着全球最大的文字、图片新闻批发商的地位，而且成为全球电视国际新闻的个别主要批发商之一。

电视方面，美国有线电视新闻网（CNN）首创的全天候电视新闻报道方式，尽管在美国国内受到了极端保守媒体——福克斯电视的严峻挑战，但是在国际上仍然是全球高级宾馆饭店和大多数国家家庭有线电视新闻的主要来源，是世界各国民众乃至政府首脑获知重大国际新闻事件的主要渠道。时任联合国秘书长的加利曾说："美国有线电视新闻网是（联合国）安理会的第16个成员。"电视或许并没有参与决策，但是"CNN效应"无疑帮助有关各方确定了议事日程。"CNN"还形成了电视国际新闻报道的许多样式和方式，成为那些渴望走向世界的外国电视媒体模仿的范式。美国三大无线电视网——美国广播公司（ABC）美国哥伦比亚广播公司（CBS）和美国全国广播公司（NBC）的电视新闻报道和电视剧、娱乐节目等，在全球绝大多数国家也有着广泛的影响。

电影方面，以好莱坞为代表的影视剧更是塞满世界各地。美国人口只占世界人口的5%，但控制了世界75%的电视节目的制作；美国电影生产量占世界电影产量的6%—7%，却占据了世界电影总放映量的一半以上。在西欧，美国的电视节目播出时间已达到20万小时，占据英国、西班牙电视剧80%的播出时间。即使在法国，40%的电视剧也来自美国。为此，美国的媒体成为获利极其丰厚的企业，其国内生产总值在美国各行业中排名第十位，总出口却占全美出口值的第

二位。

二、传媒多强：英、法、德、日

（一）英国

英国是当代国际传播格局中具有世界影响力的传播大国。英国又是新闻自由的发源地。弥尔顿1644年发表的《论出版自由》至今仍为世界新闻界奉为新闻自由的圭臬。英国曾是"日不落帝国"，具有"世界工厂"之称。但经历了两次世界大战之后，大英帝国开始逐步衰落，只是余威尚存。

英国所具有的国际传播影响力完全归功于三大著名的媒体机构，即路透社、《泰晤士报》、BBC。路透社成立于1851年10月，是世界上最早的通讯社之一，素以客观、公正、快速的新闻报道而被世界各国媒体所采用。路透社的新闻稿以国际新闻为主，包括一般新闻和经济新闻两大类。采用英、法、德、西、日等10多种文字播发。订户遍及世界160余个国家和地区，媒介用户直接订户3000多家（其中报纸1000家，电台700家，通讯社130家，图片社440家，新闻订户900家），间接订户1万家（间接订户是指由直接订户转发的媒介）。路透社在1992年全部兼并了Vis News（维斯新闻），改为"路透社电视"，成为世界上最大的电视新闻供应商，在全球拥有38家分支机构。路透社1997年的收入达47亿美元，但90%的收入并非来自向媒体提供新闻，而是向遍布世界的20多万个公司信息终端提供24小时信息。从这个意义上说，路透社实质上已成为商业信息公司和电子商务交易公司。

《泰晤士报》是英国历史最悠久、最有权威、消息灵通可靠的报纸，创办人约翰·沃尔特。《泰晤士报》消息灵通，报道严肃，内容详尽。它重视国际大事报道，对重要文件刊登详尽。它也重视言论，社论版一边刊登社论，一边刊登读者评论。该报每天40版左右，分两大部分：一是国内外新闻、评论、文化艺术、书评；二是商业、金融、体育、广播电视和娱乐新闻。排版比较清晰、紧凑。读者对象主要是政界、工商金融界和知识界。

英国广播公司（BBC）成立于1922年，是世界最早的公共广播机构。BBC把"客观、公正"视为报道的总方针，并以新闻报道的客观、公正赢得了世人对它的尊敬，使它成为许多国家的领导人、外交官、经济金融界人士等实力人物每天必看必听的内容。它非常重视新闻报道的可靠性，力求真实。稿件中如果出现未经核实的事情，一定会对来源的可靠性做附加说明，如"根据未经证实的消息"或"据一些消息报道"之类。BBC 堪称当今世界上机构最庞大、覆盖面最广、影响力最大的一家新闻机构。在 1997 年，BBC 的职员达到 23442 人（其中国内从业者为 19341 人，世界广播电视从业者为 4101 人）。BBC 的国际广播电视包括世界电视台和 BBC 国际广播。世界电视台在美国、印度、澳大利亚、欧洲大多数国家、中东主要国家都借用当地的有线台开设了专门频道，目前已拥有 4500 万电视用户，其中 3000 万在欧洲。BBC 国际广播已覆盖全球，有 1.43 亿听众。

（二）法国

法国是英语语系之外的传媒强国。法国的传媒在国际上的影响力是由多方面因素促成的。一方面，法国传媒凭借其独具魅力的法兰西文化以及法语作为英语之外第二大世界通用语言的地位，使法国传媒在世界许多地区，尤其是非洲法语地区国家具有很大的影响力。另一方面，法国拥有几个能够与英、美等国的传媒集团进行相提并论的传媒集团，其中最主要的是法新社和威望迪环球公司。

法新社最早称哈瓦斯社，"二战"后改名，为世界最早的通讯社，是目前与美联社、路透社齐名的西方三大通讯社之一。法新社总部在巴黎，在 165 个国家或地区有分社、记者或兼职报道员。法新社的新闻采写按活动领域被分为五个报道区：以巴黎为中心的 52 个分社（其中包括在欧洲的 36 个和在非洲的 16 个）负责欧洲和非洲的报道；以华盛顿为中心的 9 个分社负责北美的报道；以蒙德维的亚为中心的 15 个分社负责拉美地区的报道；以香港为中心的 25 个分社负责亚太地区的报道；以尼科西亚为中心的 9 个分社负责中东地区的报道。它们分别以各自所在区域的主要语种采编当地新闻，为当地客户服务，同时供给总社，并转发总社的新闻。

威望迪环球公司是近几年崛起的全球超级媒体集团。该公司原来以经营水处理闻名全球，20 世纪 80 年代中期开始涉足媒体。它首先把新闻频道收归旗下。当新闻频道每年以 30% 的速度增加时，激发起该公司高层全力挺进媒体行业的决心。从 1996 年起，威望迪环球公司总共花了 875 亿美元收购各种媒体。包括：远征好莱坞，以 340 亿美元收购环球电影、环球音乐，以 108 亿美元收购美国的电视网，以 110 亿美元收购法国一家有线电视公司。这样，威望迪环球公司拥有了世界第二大影视片库，欧洲最大的付费电视、数字电视公司，以及欧洲最大的电影公司，在美国拥有 8200 万有线电视用户。威望迪环球公司几乎一夜成名，也几乎一夜跌落。迅猛的扩展使资金周转不灵，众多的公司一时难以消化，导致利润下降，回收的成本日子遥遥无期，威望迪环球公司的债务高达290亿美元，股票价格直线下跌，总裁梅西埃一夜之间从民族英雄变成堕落天使，最后被解聘。新总裁上任不久，就宣布出卖部分资产来还债，对法国朝野造成巨大震动。当然，瘦死的骆驼比马大，威望迪环球公司的市场地位还没有动摇，目前正处于整顿期。

（三）德国

德国是世界经济强国，也是世界传媒大国。但是就整体看，德国的传媒大国地位与德国在世界上所具有的经济强国地位不大相称。在欧洲范围内，德国媒体的影响力也不及英、法两国。目前能够支持德国传媒在世界上的地位的主要是为数不多的几家媒体，通讯社方面有德意志新闻社，报纸方面有《图片报》《法兰克福汇报》《明镜》，以及还有一家跨国传媒巨头——贝塔斯曼集团（以下简称"贝塔斯曼"）。

贝塔斯曼集团成立于1835年，当初以出版发行科教书、宗教图书为主。就是这样一个传统的公司如今已发展成为位列前五名的全球传播集团。目前，贝塔斯曼集团的收益有32%来自美国，31%来自德国，其余37%来自其他国家。德国市场仅占三分之一。贝塔斯曼集团目前的经营项目已遍布全球56个国家和地区，可以说是全球最具国际化的企业之一。贝塔斯曼集团的成功首先要归功于多样化的经营。虽然从出版行业起家，但贝塔斯曼集团认为出版社只出版书籍，迟早有一天会面临市场饱和、被迫转产的危险。本着这种理念，贝塔斯曼多面出击，进军传媒业各个领域。目前，其业务包括图书出版、印刷、客户服务、信息技术、存储媒体制作等，还致力于多渠道地为客户提供产品。现在它的旗下已经拥有兰登书屋、斯普林格出版社、贝塔斯曼音乐集团以及欧洲最大的广播电视公司RTL等知名品牌，其业务已涵盖了传媒内容、传媒服务和客户直销服务三大板块。贝塔斯曼的成功之道还在于其有效的资本运作和并购模式。1964年，贝塔斯曼购入柏林电视公司UFA，进入电视业。1969年，贝塔斯曼购入汉堡印刷和出版企业古纳亚尔25%的股权，从此贝塔斯曼进入杂志界。1977年，贝塔斯曼收购了美国在线的股份，开始涉足互联网业。2001年2月贝塔斯曼购得了欧洲最大、最为成功的电视、广播以及电影制作集团RTL集团的股份，使得贝塔斯曼在欧洲电视市场占得了非常有利的位置。

（四）日本

日本是国际传媒大国，但严格说，日本还不是当今国际传播强国。据调查，日本在国际公众心目中具有非常好的国际形象，但是日本的这种良好国家形象主要不是通过日本大众媒体的国际传播塑成的，而是依靠日本的实物传播——日本向世界传递的优质产品、优质技术而建立的。日本媒体传播面临的一个尴尬局面是（这种局面与中国相似），日本媒体在国内具有巨大的影响力，但在国际上表现出甘愿充当"二传手"的样子，影响平平。

目前，日本有110家正式日报（参加日本新闻协会的会员）、100多家电视台、近千家电台。日本新闻媒体的数量不多，但规模惊人，日报发行量达7270万份，达世界第一；千人拥有量为580份，排世界第二。媒体收入在世界排名第一。日本媒体基本上囿于日本国内，除了富士电视公司在美国有一家公司外，其他大的媒体都没有实施跨国经营。与此相一致，外国资本也很少进入庞大的日本市场，除了时代华纳、新闻集团两家公司进入日本的有线电视网络和卫星电视外，欧美的大公司都没有在日本传媒业投资。但是，随着西方跨国传媒公司的到来，日本如今也打开国门，积极开展国际合作，尤其在新技术和新媒体领域。日本电视业过去很长时间都不受国际方面的影响，但是自默多克的星空卫视来到日本，这一局面就改变了。

随着日本传媒开放力度的加强，日本传媒在世界上的影响力会相应增强，但是，事实上，日本传媒目前的这种影响力仍旧相当有限。一定程度上说，日本媒体目前存在的一种比较特殊的、带有封闭性的传媒体制制约了日本媒体国际影响力的发挥。

第三章 中国媒体国际传播的历史与现状

随着时代的发展，新媒体国际传播越来越受到各国的重视。本着简约的叙事和分析原则，在此仅就中国国际传播发展的历史与现状做一轮廓勾勒，以便从总体上把握中国国际传播的发展脉络，以史鉴今，重点研究存在的问题及未来发展。本章分为中国国际传播的发展历程、中国面临的国际舆论环境、制约新媒体国际传播的因素三部分。

第一节 中国国际传播的发展历程

一、萌芽成长期（1927—1949年）

国民党政府上台后，即有意识地拓展对外宣传，利用其官方通讯社"中央通讯社"（1924年成立）及其无线电广播"中央广播电台"（1928年成立）等播发英语、日语、马来语等信息，覆盖东南亚、澳新等地区，还办有英文报纸《北平导报》（1930年创办）、《大陆报》（1911年由孙中山创办，后被收购）。这一期间，遭受国民党围剿的中国共产党尚没有能力开展像样的对外传播，只能通过弱小的中国工农通讯社（1931年春成立，1935年遭国民党破坏而停止活动）和红色中华通讯社（简称"红中社"，新华通讯社前身，1931年成立）对外播发少量英文文字稿件；其间，还在海外创办了《先锋报》（1930年在纽约创刊，其前身为1927年出版的油印刊物《先锋》）、《救国时报》（1935年在巴黎创刊，其前身为《救国报》）和《全民月刊》（1936年在巴黎创刊），揭露国民党反革命罪行，宣传共产党抗日救亡主张。

随着中国共产党的发展壮大，早期的中国国际传播亦因国内政治格局而呈现两极局面：中国共产党开创的对外传播事业和执政的国民党政府所属的对外传

第三章　中国媒体国际传播的历史与现状

事业（尽管在初期，前者在规模上与后者相差甚远）。另外，还有小部分民营对外传播力量。

从抗日战争起，中国共产党的对外传播在艰难困苦中逐步形成了最初的基本框架。首先，新华社（1937年由"红中社"更名而来）的对外传播开展起来了，成立了"英文广播部"，每天两次定向对外播发英文电讯，至1949年新华社对外英文广播每日从1800字增加到8000字，还创办了英文日刊《新华每日电讯》。其次，开办了对外广播。1941年12月，延安新华广播电台日语节目开播，1947年又开办了英语节目。对外广播有效冲破了国民党的新闻封锁，成为中国共产党对外传播史的一个里程碑。此外，还创办了一些对外刊物，包括《中国通讯》（1941年创办于延安，用英、法、俄三种文字油印发行）、《华商报》（1941年创办于香港）等。

这一时期的国民党对外传播进一步扩大。1937年国民党成立了专门负责对外宣传的机构——"国际宣传处"，协调中外媒体对中国的对外报道。该处还创办了多种中外文刊物，包括《战时中国》《中国通讯》《现代中国》等。国民党"中央通讯社"对外传播的触角、软硬件实力、规模、影响等都是国内其他通讯社所无法比拟的。除了"中央通讯社"，国民党还于1939年创办了"中国海外通讯社"，专门从事法文宣传品和刊物的编写出版工作。与此同时，国民党于1936年开办了专门从事对外广播的"南京短波广播电台"（正式开播后称为"中央短波广播电台"，后合并到"中央广播电台"），最多时每天使用20多种外语和方言播出10多个小时的节目。除"中央广播电台"的对外广播，国民党还在西南、西北地区，包括云南、贵州、甘肃等地建立电台，播出英语、日语、马来语、法语、越南语、缅甸语广播。此外，国民党还新办了一系列对外刊物，包括《自由西报》《三民导报》《自由论坛》等。新闻电影、摄影成为国民党用来开展对外宣传的新载体和手段。但失道寡助的国民党终究要被历史抛弃。随着革命力量对比和政治地位的发展变化，国共两极政治格局及由此决定的对外传播两极局面最终在中国共产党1949年成立新政权后被打破，并演化为新中国全新的国际传播事业。

二、曲折发展期（1949—1978年）

新中国成立以来的中国国际传播发展，以1978年的改革开放为分水岭大致分为两个大的时期：曲折发展期（1949—1978年）和快速发展期（1978年至今）。

新中国刚成立，百废待兴，人民革命和工作热情空前高涨，包括对外传播工作在内的社会主义各项事业开始进入全面建设和大发展时期。

在当时美苏两极对峙的冷战大背景下，新生的中国先遭美国等西方敌对国家的封锁遏制，再遇中苏论战、中苏关系破裂等外交波澜，这期间还夹杂着朝鲜战争、越南战争等国际大事件，外部生存和发展环境非常恶劣。

为此，新中国在其诞生当天成立的中央人民政府新闻总署中，设立了国际新闻局——新中国第一个以对外宣传为中心任务的新闻出版机构，统一管理对外新闻报道工作，对外介绍社会主义中国的经济、政治、文化等的发展，以及新中国对国际事务所持的立场，积极争取国际社会对中国的同情与支持。

1952 年，国家根据工作需要，调整了对外传播业务分工，将对外新闻报道任务从国际新闻局分离出来并划归到新华社，国际新闻局则改组为外文出版社，后又在 1963 年 9 月成立了直属国务院的外文出版发行事业局（简称"外文局"），负责对外书刊的出版管理。

（一）对外外文期刊阵容空前扩大

新中国成立之初，对外报刊是当时最流行也是最重要的国际传播渠道和手段之一。新中国于 1950 年 1 月创办了英文版《人民中国》，这是新中国第一份对外外文期刊，之后又出版了俄文版和日文版。在随后几年里，世界语版《人民中国报道》、英文版《中国画报》《中国文学》《中国建设》《北京周报》陆续创建。这些期刊后来都发展成多语种刊物，而且发行量大幅增长。到 20 世纪 60 年代中期，中国对外外文期刊发行总量由 1951 年的 67 万册骤增至 1427 万册。

（二）国际广播发展突飞猛进

为了更好地发挥广播远距离传播的优势和作用，中央广播事业局于 1950 年 4 月成立了国际广播编辑部并于当年 4 月 10 日启用"北京电台"作为对外广播呼号。在"一五规划"期间（1953—1957 年），本着"先中央台、后地方台，先对国外广播、后对国内广播"的建设方针，对外广播基础建设，播出语种、时间和发射功率等的发展突飞猛进，到 1966 年上半年，对外广播语种由 1950 年的 7 种外语、4 种方言增加到共计 32 种，每天播音时长由刚开始时的 11 小时延长到超 100 小时，发射机功率由不到 80 kW 发展到 10000 kW。20 世纪 60 年代初，英国广播公司曾发表年度报告称，中国对外广播已取代英国广播的地位，成为世界第三大对外广播电台（当然，这是仅就一些硬性指标，如播出语种、时间和发射功率等来说的）。

第三章 中国媒体国际传播的历史与现状

(三) 通讯社对外供稿逐渐兴起

新中国成立后,新华社成为中国的国家通讯社,但是直到1952年,新华社主要还是面向国内的通讯社。转折出现在1952年。这一年,新闻出版总署撤销该署原来的国际新闻局新闻处(该处主要负责英文广播工作),改为新华社对外广播编辑部,原新闻摄影局的新闻摄影处划归到新华社摄影部。这样,新华社就担负起向国内和国际发布文字和图片新闻的双重任务。

20世纪50年代中期是新华社第一次发展国外分社的高潮。1953年,毛泽东指示新华社"把地球管起来",新华社开始在国外设立分社、在国内分社设立专职对外报道记者、增加对外新闻供稿的文种,对外报道数量占比从10%急增至35%;外文发稿文种由过去仅有一种很快增加到包括英、俄、法、西班牙、阿拉伯文在内的共5种;对外发稿对象扩大到世界87个国家和地区,所发稿件特别是这一时期关于中国重大事件及亚非拉地区反殖民主义斗争的报道,受到外国通讯社和报纸的重视和欢迎。

此外,还创办了面向海外华人华侨、港澳台同胞的非官方通讯社——中国新闻社(简称"中新社",1952年9月14日成立于北京)。该社不仅大量报道国内建设和各项成就,还涉及与中国有关的国际新闻,这些报道被印度尼西亚、缅甸、泰国等的华文报纸广泛采用,一举扭转了海外华文报纸有关中国的新闻源依赖外国通讯社的局面。

(四) 对外影视传播启动

1958年五·一劳动节,标志着中国电视诞生的北京电视台(中央电视台前身)试播,同年9月2日开播。北京电视台一成立,即通过节目交换、寄送等方式,与苏联、东欧国家和日本等建立了合作关系,通过当地媒体播出有关中国的电视片。到1965年8月,北京电视台与27个国家的电视机构建立了合作关系。与此同时,中国新闻纪录电影也加入对外传播行列。以1959年为例,全国出品包括长纪录片、短纪录片、各种新闻杂志片、地方新闻等共计1400部,其中一部分是对外传播的新闻纪录片,为介绍新中国的发展变化,增进世界人民对中国的了解与友谊做出了贡献。

至此,中国对外传播已初步形成体系并在传播新中国声音、打破帝国主义封锁、争取朋友、扩大国际影响力等方面发挥了重要作用。但随后而来的动荡时期给对外传播事业带来了一场浩劫。这一时期,对外传播机构和队伍遭到破坏,媒体建设迟滞甚至出现倒退。新华社不许再设专职对外摄影记者;中新社的对外发稿和管理工作受到破坏和严重干扰;外文局负责管理的 6 种在国外有影响力的对外刊物先后停刊。

三、快速发展期(1978 年至今)

1978 年底的中共十一届三中全会,是中共和中国发展史上又一个具有历史性意义的节点,开启了包括中国国际传播在内的中国政治、经济、社会、文化等的发展的新纪元。

这一时期,国际政治经济形势和科学技术的发展发生了重大变化:中国"十年动乱"结束,改革开放推动中国拥抱世界;冷战结束,和平与发展成为时代主题,经济全球化浪潮席卷而来;信息技术革命拉开序幕,传播方式与媒体形态日新月异……所有这些促成了中国国际传播的大发展和大进步。

(一)国际传播体系建设步伐加快

20 世纪 70 年代末中国改革开放的号角吹响,中国政府加快建立健全机构机制,加强对外传播媒体建设,努力为改革开放营造良好的国际舆论环境。

1980 年 4 月,领导中国对外传播工作的最高组织机构——中央对外宣传小组成立,承担该机构办公室工作的中宣部对外宣传局也同时成立。

1982 年 5 月,中央广播事业局改组为广播电影电视部,领导中央人民广播电台、中国国际广播电台和中央电视台的对内对外宣传工作。

2008 年 5 月 1 日,《中华人民共和国政府信息公开条例》实施。在随后的汶川大地震、北京奥运会对外传播管理中,中国对外媒体及其记者的管理模式进行全面优化升级,并由此开创了对外传播的新格局。

在对外媒体建设方面,呈现了由传统媒体单一发展并占主导地位,向多种媒体齐头并进、融合发展转变的局面。

郭可在梳理改革开放以来中国对外传播媒体的发展后在 2004 年出版的《国际传播学导论》中指出,40 多年的发展历程根据媒体类型和传播特征可分为四个阶段:20 世纪 70 年代主要为广播书刊时期,即以中国国际广播电台的外语节目和外语刊物、书籍的出版为主;20 世纪 80 年代以后,进入以《中国日报》为代表的英文报纸发展期;20 世纪 90 年代后期进入以 CCTV-9 为代表的电视发展期,并随即在 21 世纪初进入传统媒体和网络媒体融合发展的时期。

第三章　中国媒体国际传播的历史与现状

（二）对外广播电视的发展

20世纪70年代，国际广播因其传播距离远、收听方便、难以人为阻隔等优点，成为国际传播的宠儿，更是东西方极重视并争相使用的舆论战利器。1976年，北京电视台第一次通过国际通信卫星，向世界发送了关于周恩来总理逝世及纪念活动的电视片，这是中国第一次通过卫星向世界发送国内重大事件。1978年，北京电视台正式更名为"中国中央电视台（CCTV-1）"，电视对外传播的进程开始加快。

到1980年，主要指标位居世界第三的中国国际广播电台，广播语种已扩大到43种（包括38种外语、汉语普通话及4种方言），每天播出各类节目计136小时。该台还尝试与一些外国电台进行租机和互转合作，即租用对方发射机发射我国的广播节目或与对方互相代转广播节目，以改善对美洲、欧洲、非洲等的广播效果。此外，又与对象国家的电台合作，通过当地电台播出我国的广播节目，到1988年，有24个国家和地区的68家电台每天播出该台制作的节目。

1997年，中国国际广播电台大规模更新改造广播发射设备设施，发射功率得到显著提升。到1999年，中国国际广播电台在实力、规模、节目质量和技术方面都有了质的飞跃，在全世界的影响达到前所未有的高度，标志着中国对外广播已进入世界一流的行列。2006年初，中国国际广播电台在东非国家肯尼亚的首都内罗毕开设了该台在海外的第一座调频电台，开启了在当地制作本土化节目并向当地受众广播的本土化传播模式。迄今，该台已在海外建设、租用了100多座调频、中波电台。

在对外电视传播方面，中央电视台从1980年起相继与加拿大、美国等的多家公司合作，为其提供电视节目，并于1984年正式参加亚广联每周的定期新闻交换，通过该组织将节目传送到欧洲、美洲、非洲的许多国家。1984年该台成立对外部，专门负责对外节目的制作、翻译和发行，并开办了第一个对外中文专题节目《华夏掠影》，随后又开办了第一个面向外国观众的英语栏目《英语新闻》，但这一时期，中国电视国际传播以制作专题节目在海外租用华语电视台的时段播出为主。

20世纪90年代初，电视凭借其媒介固有的优势，以及通信卫星技术的快速发展，成为国际传播的后起之秀。

21世纪以来，中央电视台全面拓展对外传播，从2004年至2009年相继开播了西班牙语、法语、阿拉伯语、俄语国际频道，并加大主要卫星电视频道在对象国家和地区的直接落地入户工作。同时，作为中国电视国际传播的领导者，中央电视台联合国内地方电视台与境外中文电视媒体组成"中国卫星电视长城平台"，与17个中外电视频道合作，将有关中国的电视节目推送到北美、亚洲、欧洲和拉丁美洲地区。2016年12月28日，中央电视台将旗下的外宣频道整合，成立了中国国际电视台（中国环球电视网，CGTN），这是融网络与传统电视传播于一体、以视听互动为核心的多语种、多终端新媒体信息服务平台。

2018年3月，中国国际广播电台、中国国际电视台（中国环球电视网，CGTN）与中央电视台、中央人民广播电台整合，中央广播电视总台成立，目前使用42种外语向全球传播，并正朝着打造具有强大传播力、引领力和影响力的国际一流新型主流媒体目标迈进。

（三）外文报刊的发展

20世纪70年代以后，一些停办的《中国体育》《中国妇女》等外文报刊逐步复刊，不曾停刊的《北京周报》《中国建设》等外文报刊根据发展需要增设了海外地区版或改版。同时，一批新的对外报刊，包括《中国日报》《人民日报（海外版）》创刊。后来，中国日报社又陆续创办了《中国商业周刊》《中国日报（香港版）》《上海英文星报》《北京周末》等中国日报系国际传播报刊。《人民日报（海外版）》2007年起陆续与海外华文媒体合作创办了《英国周刊》《巴拿马周刊》《意大利周刊》等海外周刊，发行范围覆盖80多个国家和地区，成为中国国际传播的主流媒体之一。

20世纪90年代末，一些开放前沿城市也出版了一些外文报刊，如英文版的《上海日报》《深圳日报》及《广州英文日报》等。

（四）通讯社的发展

改革开放后，新华社的对外报道实现了重大转折，加大了英文、法文、俄文、阿拉伯文、西班牙文等外文的发稿量，并在开罗、墨西哥等地成立总分社，在全球范围内建立了较完备的新闻采集和发布网络。2005年，新华社提出了建设世界通讯社的目标，进一步增强国际竞争力和影响力，使新华社在亚太地区成为中国新闻和亚太新闻的权威报道者，在欧美地区成为中国新闻的主要报道者之一，在更大范围、以更大力度进入西方国家主流社会。

中国新闻社1978年恢复原有的机构和报道业务后，开始在国内各省市设立记者站，并在一些国家和地区设立分支机构。到2009年，中新社在全国各省市包括香港、澳门设立了分社,并在美国、加拿大、澳大利亚、法国、英国等国家设有分支机构,中国新闻网旗下还有海内外各分社开设的30多个分支网站,进一步加强了对外发稿及与海外华文媒体的联系。

综上,中国对外传播四大传统媒体(广播、期刊、报纸和电视)终于迎来曙光并得到快速发展,这无疑得益于中国共产党的"纠错能力"和国家制度优势。

第二节 中国面临的国际舆论环境

一、国际舆论环境发展态势

(一)国际政治格局的变化

国际政治格局,指的是活跃于世界舞台的主要角色间相互作用和组合形成的一种结构。它具体表现为主要角色在追求权力、权力与利益等政治活动中形成的各种各样的关系,以及相互间开展的多层次多方位的对抗与合作式样。

国际政治格局的变化对当代国际舆论发展态势有重要的影响。国际舆论的发展态势指的是一定时期内的国际舆论格局及其走势。假定在一个开放的国际社会里,国际舆论的分布态势将由国际传媒格局决定。不同形式的传媒格局将决定不同的舆论态势。当前的多极格局则带来了多强并列的舆论格局和舆论分布态势。

事实上,舆论的态势会受外部的政治力量的影响。政治格局的发展状态作为一种外力,会在很大程度上左右国际舆论的发展态势——延缓或改变本应由传媒格局自然决定的舆论态势。

(二)"中心—外围"的国际舆论态势

当代国际舆论呈现一种"中心—外围"的发展态势。在全球舆论态势中,舆论中心是指美、英、日等传媒发达国家。这些国家通常都是市场经济发达、民主政治成熟的资本主义国家。

在传播经济全球化进程中,舆论中心意味着它们处于当今国际舆论的高地,是国际舆论生产与消费的集中地,是某种国际舆论形成、发酵、共振的中心区域,并在很大程度上控制了当今国际舆论的发展流向。外围国家是指传媒格局中新兴及弱小的国家,它们通常都是亚非拉等地的欠发达国家,这些国家对于国际

新媒体时代的国际传播研究

舆论的形成鲜有贡献,更谈不上主宰国际舆论。相反,它们通常是作为西方国际舆论的采集地与倾销地而存在。

二、中国在国际舆论环境中的处境

(一)中国的国际舆论环境

一般来说,传播一国国际形象的媒体主要是两类:本国媒体与他国媒体。如果一国的国际形象由本国媒体塑造,则是"自塑",而如果是由他国媒体塑造的,则是"他塑"。当前塑造中国国际形象与国际舆论环境主要有三种力量:中国媒体、西方国家媒体、发展中国家媒体。那么中国的国际形象究竟是谁塑?相关的调查研究显示,在21世纪初,全球新闻业三分之二的消息来自只占世界人口7%的西方发达国家,人们采用的国际新闻80%是西方提供的,西方发达国家向发展中国家输入的信息与发展中国家向西方国家输入的信息之比是100∶1。根据法国咨询公司"益普索"(IPSOS)的调查,依据媒体对全球主要国家中产及以上人口的触及率,排名前十的媒体除了半岛电视台一家外,均是西方媒体。由于将英语作为官方语言或工作语言的人口分布在81个国家或地区,英语在全球的霸主地位对国际舆论的倾向有决定性的影响。

西方有谚语称"谎言重复一千遍就成了真理"。由于在新闻选择、炒作密度、报道角度、评论立场等方面,新闻具有政治立场和意识形态色彩,因此其对舆论的影响是广泛、长期和潜移默化的。西方国家民意对中国的看法趋于负面,与美国媒体长期的对华偏见以及歪曲宣传密切相关。早在20世纪90年代,美国三大报《纽约时报》《华盛顿邮报》《洛杉矶时报》对中国的负面新闻就远高于正面、中性或者平衡的报道。其中,中美的意识形态差异影响深远。美国的意识形态表现在媒体对外报道上,就是信奉资本主义制度和所谓的"自由民主价值观",并具有敌视共产主义和社会主义的传统。

由于以美国为主的西方发达国家持续地对华抹黑,包括在疫情问题上大规模散布虚假信息,中国在发达国家的形象一度受损。在疫情肆虐的2020年10月,皮尤研究中心公布的调查显示,美国、英国、澳大利亚、加拿大、日本、韩国等14个发达国家对中国处理疫情和国际事务的信心下降,中国在这些国家的形象恶化。

第三章　中国媒体国际传播的历史与现状

（二）中国国内舆论环境的嬗变

一个国家会面临两个舆论环境，一是国际舆论环境，二是国内舆论环境。通常而言，这两个舆论环境具有严格的区分和界限，相互之间也较少会发生联系。但是，随着一个国家对外开放的深入、新的传媒技术的发展，尤其是互联网这一新兴媒体的出现，具有清晰界限的两个舆论环境也开始模糊化。一个国家的国内舆论同时会变成国际舆论的一部分；反过来，外部的国际舆论也会同时变成一国的国内舆论。也即国内舆论国际化，国际舆论国内化。在这种背景下，原先界限分明的中国国内舆论环境也呈现出三个新的特点。

1. 传媒格局三足鼎立

新兴媒体尤其是网络媒体的出现，打破了传媒国内舆论环境与国际舆论环境的区分界限。中国的国内舆论环境正在日益国际化，对中国政府与中国公众而言，这种日益国际化的国内舆论环境意味着中国的传媒生态正在发生改变。中国原先的党报媒体一统天下的国内舆论格局正在被党报媒体、市场媒体、西方媒体三足鼎立的格局所代替。市场媒体与西方媒体是两股新出现的力量。前者是中国改革开放的产物，是中国传媒市场化发展的必然结果。而西方媒体则完全是一种外来媒体，在当前中国所处的传媒环境下，虽然很难直接断定西方媒体已经成为中国传媒的一股主要力量。但是随着互联网的出现，西方国家的传统媒体通过网络渠道已经渗透到中国，成为事实上的一股媒体力量。

美国的国务卿奥尔布赖特指出："中国不会拒绝互联网这种技术，因为它要现代化。这是我们的可乘之机。"奥尔布赖特所说的可乘之机指的是西方媒体能够方便地进入中国。事实上，"只要将电脑联入国际互联网，便可直接登上美国各大主流媒体的站点，美国关于中国的新闻往往在互联网上以各种方式迅速传播，比如有网民将这些报告翻译成中文贴到论坛上，又比如通过电子邮件互相转发，只要在网上出现，很快就以转发转帖的方式迅速在网上传播。这些传播方式的结合，好比神经系统的末梢神经或毛细血管，大大延伸了美国的全球新闻网，扩大了其传播范围"。因此，我们虽然不能说当代中国存在一股公开的、合法的西方媒体力量，但它们作为一股潜在的力量已经不断地吸引了一大批中国国内的受众，与其他两种类型的媒体构成了严重的竞争态势。中国传媒格局三足鼎立的局面事实上已经形成。

2. 舆论声音多元化

国内传媒格局的改变，意味着国内舆论声音的改变。有多少种不同性质的传媒，就往往会有多少种不同性质的舆论声音。三种不同性质传媒的出现对于中国公众而言，他们将会在同一个新闻事件发生时，同时听到三种不同的声音。而且，媒体上不同声音的出现，又会反过来鼓励公众的思想观念变得多元化，促使他们寻找与自己立场一致的媒体，来发表他们对某一新闻事件的不同态度。

中国的市场媒体与西方媒体虽然同属新兴力量，但是西方媒体毕竟是不会对政府决策和行为构成挑战的，主要是后一股力量。中国的市场媒体虽与党报媒体的声音不尽一致，但它们同属中国媒体，在基本立场、观点方面还是与中国政府的声音保持一致。而西方媒体作为外来媒体，它就没有必要也不可能与中国政府的声音保持一致。相反，它们对于中国新闻事件的报道经常传递一种与中国政府赫然相反的立场与观点。曾任新华社高级记者的李希光指出：西方媒体产出的新闻更容易在中国的新闻生态中以各种正规方式流通和扩散，这股力量正在影响中国政府的国内形象，引导部分国内受众，它们往往会对政府政策和行为产生怀疑和批评。这也说明了，西方媒体报道中国的目标不仅仅是操控中国的国际舆论环境，它还要扮演"特洛伊木马"的角色，打进中国的国内舆论环境，使用各种手段和方法改变中国的国内舆论环境，争夺中国国内舆论的主导权。

3. 舆论气候情绪化、非信任化

从国内舆论演变情况看，当前最显著的一个特征是舆论气候的情绪化和非信任化。这样一种特征的形成，根本上源于当代中国社会的快速转型。转型期也是矛盾凸显期。各种社会矛盾、社会问题会大量涌现。反映到社会舆论上，不同人的思想观念也会呈现出多变性、差异性、独立性和对立性。此外还有一个推动性的因素，即传媒格局的多元化，尤其是西方媒体的闯入。

众所周知，传媒具有放大社会舆论的功能。一件原本比较普通的新闻事件经过媒体的报道，往往会演变成一个全社会关注的重大问题。如果媒体的新闻报道是客观的、公正的，那么经由媒体传递出来的社会舆论也会比较理性、平和；如果媒体的新闻报道本身就是情绪化的、有偏见的，那么这种情绪化的东西就很容易演变成整个社会舆论的情绪化、非信任化。

以长远眼光来分析，传媒多元化格局的出现将加速中国国内舆论气候的转型。中国政府、媒体、公众三者之间的原本良性互动、合作型的舆论气候，将更多地被一种带有情绪化的、非信任的批评型的舆论气候所取代。西方媒体的闯入并不只是简单地意味着中国国内多了一种声音，不同的声音之间更不是一种和谐共处的关系。而是意味着西方媒体的声音将与中国党报媒体、市场媒体发出的声音进行激烈的竞争，以争夺中国公众的注意力。

由于西方媒体在新闻报道理念、报道手法上更趋成熟，也更善于策划、炒作新闻议题，更易于抓住受众的眼球，因此竞争的结果往往是西方媒体逐渐设定中国媒体的议程设置，逐渐侵蚀中国媒体的受众基础，将原先属于中国党报媒体、市场媒体的受众逐渐吸引到西方媒体中去，使其变成西方媒体的固定受众；而且随着互联网的发展以及中国上网人数的增加，西方媒体拥有的中国受众将越来越多，西方国家利用网络媒体来抢夺中国受众的优势也将更加明显。不仅如此，根据受众的传播心理研究，长期接受西方媒体熏陶的中国受众，不但在生活方式、思维方式方面会倾向于西方的价值观念、意识形态，还会自觉不自觉地以西方的价值观念、价值标准反过来要求中国政府应该这样做或者不应该这样做，对中国政府和中国媒体发出的声音会采取不信任的态度，甚至是采取一种经常性批评与对立的态度，从而改变原先存在于中国政府、媒体、公众三者之间合作型的舆论气候。

中国国内舆论气候发生变化的一个表征是，中国国内的网民已经患上了一种所谓的"习惯性批评"的综合症。对中国政府来说，这种习惯性的批评，也许不仅仅是政府政策推行所面临的阻力和难度加大了，更为可怕的后果是，它会进一步强化中国社会的官民对立、贫富对立、民民对立，引发各种社会冲突，最终会使中国社会变色、政治易帜。有学者把这一过程概括为一个模式：媒体放开—外力介入—阴暗面曝光—群众不满情绪积累—反制无力—舆论彻底失控—政权丧失、国家解体。

三、中国的国际舆论安全保障

（一）国际舆论安全概述

近年来，国内外学者分别从不同角度对国际舆论内涵进行了概括总结。综合看来，国际舆论内涵主要涉及以下几个方面：首先，国际舆论是具有跨国性的舆论，主要指来自不同国家的行为体所达成的具有一致性的信念、意见、态度和情绪的总和；其次，国际舆论是针对某一国际或地区事务而发表的意见，具有一定的情境性；再次，不管作为舆论主体还是信息渠道，大众传媒在国际舆论的形成过程中发挥着重要作用；最后，国际舆论具有一定的影响力，在一定程度上推进或延缓国际事务进程。而安全的本质就是指一个稳定的没有威胁的外部环境。一个国家的安全包括多方面的安全,如政治安全、经济安全、社会安全等。国际舆论安全是国家安全的重要组成部分,它指的是一国所面临的外部国际舆论环境。

如同其他安全一样,国家的生存与发展也离不开国际舆论安全,不同方面的国家安全其实是相互联系、相互影响的。国家所需要的是一种综合性安全,而不是某个单方面或几方面的安全。当一国政治经济处于安全状态,而舆论处于不安全状态时,那么这一国仍旧是不安全的。对于国家在国际上的生存与发展而言,国际舆论安全具有重要的作用。如同其他各种物质资源一样,国际舆论也是一种重要的国际资源。舆论"一旦形成它就构成了一种社会力量,不仅成为共识人群的行动指导,而且对另外的社会人群形成一种影响力乃至压力"。因此,这种力量是否安全对于一国的国际发展具有重大影响。

当今国际政治,各国都需要国际舆论安全,但同时各国也都面临国际舆论安全问题。大国面临国际舆论安全问题,小国也面临国际舆论安全问题;没有话语权的国家面临国际舆论安全问题,拥有国际话语权的国家也同样面临国际舆论安全问题。国际舆论安全已成为一个普遍性的问题。正是基于这些因素,当今各国都越来越重视国际舆论环境的安全,无论大国,还是小国,都将国际舆论安全作为国际战略的一项重要内容,将如何实现好、维护好、发展好国际舆论安全作为一项重要的战略任务。

(二)中国保障国际舆论安全的重要性和紧迫性

当代中国所面临的国际舆论安全问题不是一个什么理论性问题,而是一个摆在眼前的现实问题,是西方国家政府与媒体频频制造的舆论危机倒逼之下产生的安全问题。因此,对中国而言,关于国际舆论安全的理论阐述如何深刻、详细,都不如现实来得深刻、明确。

1. 当代中国严重缺乏国际舆论安全

从上面的分析,我们可以知道,尽管当代中国是国际舆论的一个热点,但是中国仍旧处于国际舆论格局的边缘位置。这种舆论边缘性意味着中国与处于舆论中心的国家之间的关系是一种不平等、不对称的舆论关系。

处于舆论中心的国家可以动辄对中国进行各种舆论打击,但处于边缘地位的中国不能这样做。相反,中国还得经常忍受各种无理的指责,变成"冤大头"。而且,事实也证明,这种边缘性还意味着中国的国际舆论环境的操控权掌握在西方国家媒体手中。利用这种操控权,西方国家媒体可以随心所欲地将中国塑造成它们所希望的那种形象。当然西方国家媒体决不会有意去塑造一个正面的中国形象,更多地可能是一种负面的形象。比如"中国威胁论""中国崩溃论"。这些论调经由媒体的放大效应,中国在世界上的形象将变得"丑陋",变得"恶劣",甚至"可怕",那么中国也就根本不可能有一个安全的国际舆论环境。

2. 国际舆论安全缺失已成为发展瓶颈问题

随着中国对外开放步伐的加快,中国的发展离不开国际社会,党的十七大报告提出了要利用国内国际"两个市场,两种资源"的战略设想,这种战略设想的实现,一个必要的前提是要处理好中国与其他国家的关系,使国家间的关系处于良好的互动状态。尽管当代中国与世界上大多数的国家建立了正常的外交关系,但是这种外交关系并没有保证中国与它们形成了与之相适应的友好舆论关系。中国与世界许多国家的关系并没有如我们所希望的那样出现"相互信任""肝胆相照"的局面。相反,由于西方媒体不断鼓吹"中国威胁论",中国的国际形象在许多国家已经被严重扭曲,中国与这些国家的原本友好的舆论关系被严重毒化。因此,当代中国要想快速发展必须将舆论安全摆到一个突出的位置。

3. 当代中国维护国际舆论安全具有艰巨性

当代中国不仅缺乏国际舆论安全,而且在可以预见的相当长一段时期内也将难以根本改善中国所处的国际舆论环境。中国在维护保障国际舆论安全方面,面临着来自国际的诸多严峻挑战。

首先,"西强东弱"的国际政治格局、"中心—边缘"的国际舆论环境,使得西方国家在相当长时期内都将继续称霸国际舆论与传播领域。只要西方国家这种霸权地位不改变,那么西方国家就会经常性地根据政治需要,借意识形态、社会制度问题,对社会主义国家进行各种或软或硬的舆论打击,从而损害中国的安全舆论环境。中国要想在短时间内改变这种不利局面是不可能的。

其次,中国的国际舆论安全问题是在传统安全问题,比如军事安全问题、领土安全问题、经济安全问题没有得到完全解决的情况下凸显的。传统的安全问题与新的安全问题相互交织、相互影响,使得中国的安全形势变得更加复杂,并增加了中国解决各种安全问题的难度。在特定时期内,以中国有限的注意力、资源,想一揽子全部解决所有安全问题是不可能的。对传统安全问题倾注更多的注意力与资源,必将分散、转移对国际舆论安全的关注,从而影响国际舆论安全的实现和维护。

最后，中国的国际舆论安全问题不是现在突然产生的问题，而是一个在长时间内形成的历史遗留问题。新中国成立以来，囿于当时所处的特殊历史环境，中国决策者首先注重的是政治、军事安全，对于国际舆论安全并没有给予较多的关注。因而在实际工作中，将国际舆论安全放在了一个相对比较次要的位置。这一历史性的政策"短板"使得中国的国际舆论安全问题，随着时间的推进，而不断积累，最终变成中国安全之网的一个突出漏洞，给西方国家和西方媒体以巨大的可乘之机。

当西方媒体发动的舆论打击将中国逼到一个狭窄的角落时，中国才恍然醒悟，意识到国际舆论安全问题的重要性和紧迫性，意识到应实现好、维护好、保障好中国的舆论安全环境。

4.国际舆论安全状况与大国地位不相称

毫无疑问，当代中国是国际上的一个大国，是具有世界影响力的地区大国。中国的经济GDP居世界第二位，中国的综合国力位居世界第7位。这一切使得中国跻身于世界大国的行列。但是当代中国所面临的一个尴尬是，中国的舆论安全与中国的这种大国地位严重不相称。中国是经济政治大国，却是舆论小国。

中国在国际话语塑造中存在缺位现象，在国际话语塑造中，中国仍然属于"后来者"的角色，以美国为首的西方国家已经占据了很大一部分的塑造权。例如，经过长期的努力，美国成功地将自己国家的各种科学研究协会制定的标准推广成世界性的标准。由此而来，美国在过去几十年的发展中，在国际上占据了科学技术国际标准制定的诸多权力。

除了美国之外，英国、法国、日本等其他发达的资本主义国家也或多或少担心中国科技的发展会影响他们对高科技国际标准制定权的主导和掌控。而中国在这样的既定话语格局和规则中只能以被动跟从者的角色参与，可以说，中国连自己的形象塑造权也掌握在他国手中。作为一个政治经济大国，如果中国不能掌控自身国际形象的塑造权，也就谈不上是一个大国，至少不是一个真正的、全面的大国。

（三）中国的国际舆论战略

当代中国有一个明确的富民强国的经济发展战略，但是当代中国还没有一个明确的国际舆论发展战略。长期以来，中国的国际舆论战略是一种"被动性"的、"撞击式"的，即为了应对外部国家对我们的舆论攻击而制定的一套短期行动方案。这就导致中国的国际舆论战略,总是不断地在打一场"被动战、应对战、辟谣战"。中国的国际舆论安全也就不可能有根本的改善和发展。

战略是行动的前提。战略意识的模糊或缺失都将制约一个国家的行动进程及行动结果。为了保障中国的国际舆论安全,当代中国急需制定一个明确的、完整的国际舆论发展战略。对中国而言,一套明确、完整的国际舆论战略,必须建立在对中国当前及今后一段时期所处的国际环境进行慎重分析和判断的基础之上,必须建立在对各种利害关系、敌友关系有一个清醒认识的基础之上,必须建立在能够正确区分核心利益与一般利益、当前利益与长远利益、局部利益与整体利益的基础之上。非此,就不可能有所谓的国际舆论战略。在此基础上,一个完整的国际舆论战略必须包括五方面内容:目标、行动原则、行动主体、手段、机制保障。

1. 中国国际舆论战略的目标

制定一个什么样的舆论战略目标必须与中国的现实环境与中国的国力相适应。不切实际的目标非但不能实现,反而还会引起各种不必要的麻烦和资源浪费。

在当今"西强东弱"的国际舆论格局下,中国作为一个第三世界发展中国家,在今后相当长的时间内,其国际形象的塑造权都将操控在西方国家手中,中国所面对的也将是一个并不十分友好的国际舆论环境。这种现实决定了中国国际舆论战略近期目标,是追求一个最低限度的舆论安全目标,或者说最低限度的国际话语权。这样一种最低限度的国际话语权意味着中国能够从西方手中夺回久已旁落的国际形象塑造权,能够自己掌握自己形象的塑造权,从而有利于中国在世界上树立一个和平、友好、正面的国际形象,确保中国的国际舆论安全。当然中国还有更为长远的舆论目标。

随着国际环境的变化与中国的发展,中国的国际舆论战略目标还要能够更大程度上有利于世界和平和增进各国友好关系。但是有一点必须明确,即便中国以后强大了,中国的国际舆论战略目标都不是为了追求国际话语霸权,不是为了向其他国家夸耀自己的话语强势,而是要向世界贡献一种与中国地位、责任相适应的具有中国特色的国际话语,丰富和发展世界不同的话语体系和话语宝库。

传播学者刘笑盈指出,"我们在争取中国话语权的同时,也决不能忘记中国话语权的实质。与西方的霸权理论不同,我们需要的是具有中国特色的国际话语权,是和谐与多元化并存的国际话语体现。我们应该传递中国文化的思想精华,例如'大同世界'的全球眼光,'和而不同'的哲学思想,'以人为本'的政策导向,'以德报德、以直报怨'的交往原则,'己所不欲,勿施于人'的伦理规范等,从而形成独特的中国话语视角"。

2. 中国国际舆论战略的行动原则

美国等西方国家为了实现自己的国际舆论霸权,在世界上大力提倡"信息自由流通的原则"。由于这种自由原则建立在西方国家强大实力的基础之上,其结果只能是西方国家单方面的自由。中国作为发展中国家,作为一个国际传播弱国,在国际舆论战略方面,必须有自己的行动原则。由于中国所追求的舆论目标是一个最低限度的舆论目标,那么相应地,中国舆论战略的行动原则也是为了实现国与国的普遍舆论安全。即中国在实现自身舆论安全的同时,也要考虑到其他国家的国际舆论安全。

中国绝不会以自身的国际舆论安全换来其他国家的舆论不安全。作为这种行动原则的明确例子,1993年我国代表团在联合国大会上郑重呼吁,"建立一个以承认世界多样性和各国之间种种差异为前提的新的世界新闻和传播秩序",这样一种行动原则与西方国家强调的信息传播自由有着本质区别。

中国的行动原则体现了新的国际安全观,而西方国家提倡的行动原则体现的是一种旧的国际安全观。西方国家坚持的信息传播自由,实则是将自己的舆论安全建立在其他发展中国家舆论不安全的基础上。这样一种单方面的舆论安全最终也不可能保障西方国家的国际舆论安全。

3. 国际舆论战略的行动主体

任何战略目标、战略任务的组织、实施及完成都需要诉诸特定的行动主体。实现中国的国际舆论安全必须诉诸两个关键的行动主体:政府与大众媒体。政府是主权国家的法定代表,政府的能力、形象、行为方式直接关系到一个国家在国际上的形象,关系到一个国家所处的国际舆论环境是否良好。而大众媒体是专门进行国际舆论传播的组织。在国际关系中它的作用非同一般,经常扮演一国国际形象"设计师"的角色。

但是在如何具体实现中国舆论安全方面,两个行动主体所发挥的作用是有区别的,具有不同的分工和任务。一般地说,政府是谋划国家舆论安全的决策者。其在实现国际舆论安全方面,扮演了总指挥、后台老板的角色。而大众媒体是国际舆论战略的具体执行者,是秉承政府意图,将国家舆论战略落实为具体行动的"得力干将"和"先锋战士"。两个行动主体,角色不同,作用不同,但是它们对于维护一国国际舆论安全都是不可或缺的。

第三章　中国媒体国际传播的历史与现状

关键的问题是如何将两者协调在一起，发挥联合威力。总览当代其他国家的国际舆论战略，以政府为决策指挥，以新闻媒体为行动先锋，两者之间相互支持、相互配合已经成为它们对外发动舆论战的普遍规律。中国的国际舆论战略，只有大力发挥这两个行动主体的能动作用，并且将这两个行动主体结合起来，相互配合、相互支持，才能实现既定的战略目标。

4. 国际舆论战略的行动手段

实现国际舆论安全有赖于国家必须拥有一定的国际话语权。国际话语权太大太小都不利于国际舆论安全的实现。中国所需要的是能够保障中国国际形象的国际话语权。国际话语塑造力的核心是获得制度性话语权。制度性话语权是指一个国家在国际经济政策、规则制定及国际机制等方面的影响力和决策权。

国际话语塑造力的提升是一个系统化的工程和体系，并不是指争取一种短期的、针对特定事务或特定对象的国际事务话语权。而制度性话语权的本质是通过制度形式将话语权固化，其可以通过制度形式在国际社会中形成长期、普遍、稳定的影响。我国目前的国际话语权也存在着经济领域强、政治领域弱；发展中国家中影响大，发达国家中影响小的不均衡状态。因此，国际话语塑造力应当以国际制度性话语权的建设为核心，为我国发展营造良好国际环境的同时，也为世界长期稳定发展提供保障、贡献力量，践行人类命运共同体的发展理念。

从根本上讲，决定一国国际话语权大小的力量有四种：硬实力、软实力、外交力、国际传播力。相应地国际舆论安全的实现也必须借助这四个力量，综合运用这四种手段实现国际舆论安全。如果缺少其中任何一种手段，中国的国际舆论都将是不安全的。但是在这四种手段中，每种手段都起着不同的作用。硬实力、软实力是一国的基础实力，是维护一国国际舆论安全的基础手段。外交力则是一国政府的行动能力，它是实现国际舆论安全的行动保障。而国际传播力则与一国的国际舆论安全直接相关，国际传播力发展程度既是一国硬实力、软实力、外交力强大与否的最终表现，它自身的强大与否又直接决定了一国国际舆论安全所面临的发展态势。

随着国际形势的变化，在这四种手段中，国际传播力相对于硬实力、外交实力在维护国际舆论安全方面，也将发挥越来越大的作用。因此对于中国的国际舆论安全而言，在如何实现国际舆论安全方面，既要综合运用这四种手段，发挥每种手段的特殊功用；同时，又必须抓住重点，集中发展目前对中国来说极为薄弱的国际传播力，通过大力发展国际传播，进一步提升中国的国际舆论安全国际话语权。正如李长春同志指出的,"当今世界谁的传播手段先进、传播能力强大,谁就能赢得国际上的话语权,就能更有力地影响世界。如果一个国家在国际上缺失话语权,就很难保证国家形象在其他国家的媒体上不被扭曲"。

5. 国际舆论战略的机制保障

在确定了目标、行动原则、行动主体、行动手段之后,制定一个完整的国际舆论战略还必须包括能够实现这一战略目标的强有力的机制保障。机制之于战略的重要性,正如交通规则之于汽车行驶的重要性,没有机制也就不可能有战略。任何好的战略观念、好的设想,还必须借助于一定的机制才能得以实现。

机制能够使各种目标任务具体化,使各种主体的行动常态化,使各种力量的运行规范化,保障既定的战略目标、任务的最终实现。当代中国所出现的国际舆论安全问题,有可能并不是因为中国缺乏一个国际舆论战略,更多地可能是在确立了舆论战略之后,却没有相应地制定一个能够将这一战略贯彻执行到底的行动机制。因此,对于中国的决策者而言,在制定一个明确、完整的国际舆论战略的同时,还必须设法使这一舆论战略一以贯之、持之以恒,具有机制的保障和行动依据。作为国际舆论安全战略的决策者和指挥者,政府担当着重要的机制保障任务。

政府不仅要理顺自己与另外一行动主体——大众媒体的关系,建立正常有效的机制联系,保障两大主力的通力合作;还要确保硬实力、软实力、外交力、国际传播力这四种行动手段、行动资源的发展与配合,使它们共同服务于保障中国的国际舆论安全。此外,政府还要建立一系列的机构,监督、维护这些机制的落实与运用。

第三节 制约新媒体国际传播的因素

一、文化认同

新媒体把全球媒体,无论新旧,无论中外,拉到了同一条起跑线上。从某种意义上讲,由于失去了时空的壁垒,在新媒体领域,不同文化之间的博弈较传统媒体更为激烈和残酷。在这个平台上,不同文化的媒体之间,比拼的不仅仅是资金、技术、品牌等硬实力,一个更为根本的因素是媒体所代表的文化所具有的影响力，是媒体所秉持并宣扬的价值观的影响力。不可否认的是，以美欧为代表的西方文化在当代社会依然处于绝对的强势地位。在强势文化的推动之下，西方国家的政治、经济、法律体系、社会结构、生活方式在全球一度成为"样板"。

文化影响力上的这种强弱格局，也为不同媒体的国际传播设定了一个大致的势力范围，这个圈层是无形的，但是确实存在的。从历史上看，传统媒体的传播边界与文化影响力范围之间的契合度很高，边界也很清晰。新媒体的出现让这种边界变得日益模糊，并且以其技术进步仍在不断消解国际传播的地域和文化边界。不过至少从目前来看，不同文化之间的认同缺失甚至文化排斥，依然是新媒体国际传播的重要制约因素。

二、创新能力

从某种意义上讲，利用新媒体开展国际传播，关键就是要超越既有的传媒格局，穿透或绕行现有的传播障碍，开拓一种全新的空间。自然，这有赖于从内容到渠道的全面创新，创新能力在这中间扮演着重要的角色。脸谱、推特等社交媒体网站，就是借助技术创新，打造了一个全新的国际传播平台。苹果等智能手机所建立起来的应用程序商店，也在成为全球性的国际传播渠道。受各种综合因素的影响，我国媒体无论是创新意识还是创新能力，同国外同行相比都还有一定差距。

第四章　新媒体时代国际传播的技术应用

新媒体技术给信息传播方式带来了深刻的变革。从信息传播方式的角度看，新媒体技术综合了文本、图形、图像、视频和音频等多种媒体信息，并使其建立逻辑链接，在国际传播中发挥着重要作用。本章分为新媒体传播技术的构成、新媒体国际传播的服务平台两部分。

第一节　新媒体传播技术的构成

一、新媒体信息处理技术

新媒体信息处理技术主要包括新媒体音频处理技术和新媒体图像处理技术两方面，下面对其进行具体介绍。

（一）新媒体音频处理技术

数字技术引入音频处理领域必须进行数字化过程来传送、存储和再现原始声音，即采用取样、量化和编码来对音频信号进行模拟/数字（A/D）转换，经过数字系统的处理、存储和传送之后，又必须把这些数据通过再生电路进行数字/模拟（D/A）转换，输出模拟音频。这个过程称之为音频的数字化。为降低传输或存储的费用，有必要对数字音频进行编码压缩。音频编码压缩的方法主要分为无损压缩和有损压缩两大类。

（二）新媒体图像处理技术

新媒体图像处理技术就是采用数字化技术对图像进行加工和处理，主要包括图像的获取、变换、增强、压缩编码、识别等技术。

第四章 新媒体时代国际传播的技术应用

数字图像处理技术就是指借助计算机等辅助工具来处理数字图像，通过图像平滑、锐化、分割、复原、表示以及目标识别等多种方法，帮助人们提取出图像中各种有用的数据或信息。另外，数字图像的开发环境通常都为软件，只有较少部分是通过专用硬件进行实时处理。

在计算机技术发展程度日益加深的基础上，数字图像处理技术的独特优势也逐渐显现出来，总结下来，有以下3个特点。

第一，处理精度高。由于数字图像由有限个像素排列组成，处理过程中用来计算的对象是像素的灰度值，因此从理论上来说，无论多高精度的数字图像都可以转换为数值阵列来进行处理。

第二，可恢复性。数组的灰度组合可以将图像更为准确地表现出来，在传输和处理过程中，不会造成图像的失真或丢失信息，能够保持完好的再现性。

第三，灵活性高。在对数字图像进行处理时，可以直接对像素数组进行操作，如放大、缩小和各种逻辑运算（包括一些复杂的非线性运算）等。

在新媒体技术中处理与应用的应是数字图像，图像的数字化过程主要包括取样、量化和编码。对一幅图像的描述需要设计图像最重要的三个属性，即分辨率、像素深度、真/伪色彩。数字图像处理的主要技术则主要包括图像变换技术、图像增强与复原技术、图像平滑技术、边缘锐化技术、图像分割技术、图像编码技术、图像识别技术等。下面仅对图像增强与复原和图像分割两种技术进行具体介绍。

1. 图像增强与复原

在当前这种复杂的网络环境中，对采集到的图像直接进行处理会比较困难，故将图像数据转换为其他的某种或几种具有明显特征的形式，实现改善图像视觉效果和提高图像清晰度的目的；在一些特殊情况下，利用某些算法突出某些目标特征、抑制非目标特征以及加大图像特征间的差别，达到满足分析需要的目的。故，找到简单有效的图像转换方法是获取目标特征的首要条件。

图像增强主要分为空域法和频域法。空域法是对像素点进行操作。频域法是在某个变换领域内对图像进行处理获取预处理图像，再对获得的预处理图像进行反变换处理，最终获得清晰的目标图像。图像增强方法多种多样，要想图像达到预期效果，就要根据不同的处理要求以及图像特质，采用不同方法进行图像操作。下面具体叙述实现新媒体图像增强的几种主要方法。

（1）基于空域点处理的图像增强方法

第一，灰度变换增强。灰度变换是空域处理，主要对像素点的灰度值进行处理获得输出像素点的灰度值，根据设计的函数完成改变原始图像中像素所占的灰度范围，实现改善图像清晰度的目标。

①线性灰度增强。图像在成像过程中，曝光不足或过度均会导致图像中像素点的灰度范围变小、图像对比度不足、图像中目标细节不突出和图像层次不丰富。针对上述问题，可将图像的灰度范围进行线性的扩展或压缩，这种方式就是对图像进行线性灰度增强，可以很好地改善图像的视觉效果。

②分段线性灰度增强。在整个图像增强对比度的过程中，分段线性增强可实现图像细节灰度级的扩展。分段线性变换是将获得的目标图像的灰度区间按照相近程度至少分成2段，然后按照扩展或收缩灰度区间的目的，分别对每段图像区间做线性变换。分段线性变换可实现根据不同的图像增强目标完成特征物体灰度细节拉伸的任务，更具灵活性和特殊性。

③非线性灰度增强。用非线性函数对目标图像的灰度执行映射操作时，可实现对图像进行非线性灰度增强的目标。现在最常用的两种函数是对数函数和指数函数。

第二，直方图增强。图像直方图利用数学中柱状图的方法，反映了目标图像中像素灰度级的分布。因此，通过改变图像的直方图的形态可以实现改变图像的对比度。常用的方法有直方图均衡化和直方图规定化。

从数学上理解，图像直方图是直方图统计的一种特殊的表达形式以及应用形式。其中，直方图均衡化过程中，图像是经过自适应函数实现对图像直方图的转换的。某些情况下，直方图均衡化的图像不能取得令人满意的处理结果，直方图规定化方法应运而生。直方图规定化是通过一个灰度映像函数，实现将原始图像进行预期的改造。

第三，图像间的运算。图像间的代数运算是对两幅或两幅以上的图像进行运算，并将各像素点的运算结果作为图像对应点的灰度值。该运算与点运算的原则有些相似，算数运算结果只与参与运算的像素有关，该运算也不会改变像素的空间位置。不同图像的运算法则与其作用如表4-1所示。

表4-1 不同图像的运算法则与其作用

运算法则名称	运算法则作用
图像间加法运算	可用来降低图像存在的随机噪声，但前提是图像除噪声外的其他部分是静止不动的
图像间减法运算	可用来减去图像背景

第四章　新媒体时代国际传播的技术应用

续表

运算法则名称	运算法则作用
图像间乘法运算	可以实现对图像的掩膜运算
图像间除法运算	可以实现图像的归一化

①图像的加法运算。图像相加运算可以获得两幅或多幅图像的叠加效果图，也可将同一景物的多重影像相加后求取平均值，利用该手段可以实现减少图像的随机噪声的目的。

②图像的减法运算。减法运算可实现对目标图像去除多余叠加图案的目的。图像处理时会因为某种需求对所研究的对象进行突出，并去除存在干扰信息的背景图像。

（2）基于频域滤波的图像增强

空域滤波是指借助模板处理图像空间中的每一个像素点。空域滤波可将目标图像中某范围内的像素抑制，突出目标特征，改变图像像素的频率分布，实现增强图像的目的。频域滤波是指实现图像在空间中的转换，对图像进行变换处理，最后将图像转回到原图像空间，得到最终的图像。

根据频域滤波的特点，去除图像中的高频率部分，只保留变化幅度不大的低频率部分，再将处理后的图像从频域变换回时域，便实现了平滑处理；相反，如果将低频率部分去除，保留高频率部分，则实现了对图像的锐化处理。

经图像增强与复原技术处理后的图像存在两个问题：色彩恢复方面效果不理想；图片的清晰度不够。

2. 图像分割

人类在用眼睛观察世界时，大脑在根据目标物体的边缘轮廓做分类处理的同时，还能对目标物体的差异和联系进行识别，大脑这种能将图像的不同区域区分开的能力被称为图像分割。随着计算机图像处理技术的飞速发展，计算机图像分割作为计算机视觉领域的一个分支也迅速发展起来，并在可视化、三维重建以及自动驾驶等方面得到了广泛应用。

从20世纪70年代起，图像分割就成了计算机视觉领域的焦点，吸引了很多研究人员全身心投入这项伟大的事业中。因为技术本身具有的挑战性和复杂性，目前尚未找到一套通用的完美的图像分割方法。鼓舞人心的是，关于图像分割中的一般性规律人们基本上已达成共识，一些新的研究成果和方法也层出不穷。

新媒体时代的国际传播研究

二、新媒体传输技术

新媒体传输技术是现代通信技术和计算机网络技术相互融合而成的。下面将针对这两种技术进行具体介绍。

（一）现代通信技术

通信技术实际上是通信系统和通信网的技术。通信系统是指点对点通信所需的全部设施，而通信网是由许多通信系统组成的多点之间能互相通信的全部设施。

通信网是由用户终端设备、传输系统、交换系统组成的。而无线和移动通信网是最具代表性的现代通信网络。移动通信的基本技术有调制技术、多址方式、组网技术等。现代通信技术在移动通信领域经历了从"一代"（1G）到"五代"（5G）的演进历程，每一代移动通信技术都有着其标志性的性能指标和关键技术。未来还将继续深入演进。

第一代移动通信产生于20世纪80年代，主要采用模拟技术和频分多址技术（Frequency Division Multiple Access，FDMA），只能提供模拟语音业务。

第二代移动通信以时分多址技术（Time Division Multiple Access，TDMA）为关键技术，自20世纪90年代以来得到了巨大的发展，可提供数字语音和低速数据业务。

第三代移动通信在21世纪初投入商用，其在第二代移动通信的基础上进一步演进了码分多址技术（Code Division Multiple Access，CDMA），用户的峰值速率能够达到兆比特每秒（Mbit/s，即Mbps）数量级，可以支持多媒体数据业务。

第四代移动通信则以正交频分多址技术（Orthogonal Frequency-Division Multiple Access，OFDMA）为核心，是目前广泛使用的移动网络技术，用户速率已经能超过100 Mbps，可以提供各种移动宽带业务。

第五代移动通信（The 5th Generation，5G）自2020年以后也开始逐渐进入人们的生活。5G移动通信技术凭借其超高传输速率和巨大数据容量的优势为现代科技的发展以及智能化技术的更新迭代提供了助力。与此同时，5G移动通信技术的飞速发展也对承载网络中的资源分配技术提出了更高的要求。面对呈指数增长的流量数据以及连接设备，5G移动通信网络更加需要灵活的资源分配策略使得承载网络在能够支持高质量海量数据传输的同时，实现更高的频谱和节能效率。

第四章　新媒体时代国际传播的技术应用

5G 接入网将 4G 网络下的 BBU 等设备重新划分为 CU、DU、AAU 三个功能实体，CU 主要处理 4G 网络中原 BBU 的非实时协议以及服务，AAU 是 BBU 的物理层部分和 RRU 合并之后的功能实体，DU 则处理实时业务以及物理层协议。

除此之外，将底层物理网络按照应用场景进行划分以满足 5G 移动通信场景下的多样化服务需求；5G 核心网作为全连接和全业务的管理中心，综合各领域技术优势，在 4G 核心网的基础上对网络进行解耦以及重构，将传统核心网的网元根据应用场景以及业务功能进行拆分，5G 核心网的控制平面网元在 SBA 微服务的架构下使用统一的 SBI（Service-Based Interface，服务化接口）传输数据，并整合 NFV（Network Function Virtualization，网络功能虚拟化）和 SDN（Software Defined Networking，软件定义网络）等技术完成对网络功能的重新定义；而对于 5G 核心网的承载网络而言，则需要使用多种传输方式实现更快的通信速率、更高的通信质量以及更大的通信容量。根据应用场景的不同，针对性地搭配或者选择光纤直连式、无源 WDM 式、有源 WDM/OTN 等连接方式承载不同的业务场景需求。

在后 5G 时代，新的通信要求给现有网络带来了技术和商业模式等各个方面的难题。下一代移动网络必须满足多样化的服务需求。国际电信联盟（ITU）将 5G 移动网络业务场景分为三类：增强型移动宽带（eMBB）、超可靠和低延迟通信（uRLLC）和大型机器类型通信（mMTC），分别在传输带宽、传输数据量以及低时延传输等方面提出了更高的服务需求，也为 5G 技术的发展提供了多类型应用场景。mMTC（海量机器类通信）旨在实现未来社会移动通信技术在数字化、智能化方向的完善，主要关注海量数据接入的应用场景，如智慧城市和智慧农业。

移动网络服务范围的扩展丰富了移动通信网络的整体系统。许多传统行业，如汽车、医疗保健、能源和市政系统，都对此发展有添砖加瓦的作用。5G 是推动数字化从个人娱乐到社会互联的开始。数字化技术的成熟为移动通信行业创造了巨大的机遇，但同时也使移动通信技术的发展面临严峻的挑战。

随着移动通信研究的发展，5G 技术的使用已从简单的数据传输扩展到了广泛的业务场景。无处不在的无线访问环境使生活中的高质量和高速数据传输成为可能。移动通信给人们生活的各个方面带来了便利，但是人们对高性能服务的追求从未停止。

随着 5G 移动通信系统中接入设备数量的进一步增加，大数据量的交互服务日益丰富以及无线通信网络容量需求的快速增长，人们对高速数据交互的需求越来越广，标准也越来越高。然而，可用于移动通信的频谱资源非常有限，当前的空中接口技术也难以在根源上提高资源利用率。

在移动通信技术不断发展的前提下，网络资源的配置需要根据网络架构、应用场景的改变做出相应调整。灵活高效的网络资源分配技术对于 5G 新型业务场景以及后 5G 时代的移动通信技术的发展都至关重要。随着移动通信技术的业务剧增，流量爆炸，多样化的用户需求也越来越多，面对这种差异巨大的服务需求，如何高效利用有限的网络资源变得尤为重要。针对随着多样化的业务场景涌现出的多样化用户服务需求，5G 关键技术提出了用网络切片实现网络功能的虚拟化与资源的灵活配置。同时，巨大的通信流量也对承载网络的频谱资源提出了更高的要求，5G 的海量物联场景也使得网络结构变得尤为复杂，也使得资源分配的难度系数变得更大。

除此之外，随着 5G 通信技术的发展，高移动性数据传输业务也逐渐增多。用户对移动场景下的网络服务体验的要求也在提高。若要保持移动场景下的网络性能稳定、功能良好，相应地对于高移动场景下消耗的网络资源也应该更加合理地进行分配，使得整个网络环境运行平稳，输出更加优异的高质量服务。

因此，为了顺应未来移动通信技术的发展趋势，为复杂业务场景下的海量接入用户带来更加稳定、流畅、优质的服务与通信体验，支持 5G+ 时代的通信技术优化与迭代，5G 移动通信网络资源的高效分配技术应该满足以下需求。

第一，复杂业务的资源多样化分配。5G 移动通信相较于传统通信网络，接入用户的数量、需求，以及网络结构均发生了天翻地覆的变化。5G 移动通信的发展为用户带来便利与高质量网络体验的同时，也带来了复杂多样的业务类型与应用场景。针对不同用户对通信环境的差异化需求，5G 切片技术根据业务场景的不同需求设计针对性的逻辑网络单元进行适配，相应地需要根据多样化的业务类型进行针对性的资源分配。

第二，高质量通信的资源实时性分配。在移动通信技术不断发展的环境下，用户业务的动态性也在提升，通信业务面临的不再是僵化固定的服务状态，若不能根据用户的实时状态进行网络资源的合理分配，会导致系统时延急剧增大，用户体验下降。而且由于系统的物理资源有限，如果没有适应性更高的资源分配策略与之匹配，某些用户会因缺少实时性网络资源而停机。因此需要设计实时适配度更高的资源分配方案实现质量更高的用户移动通信。

第三，移动场景的资源智能化分配。除了提升资源分配技术的实时适配性之外，当系统的虚拟网络资源稀缺时，需要将一些虚拟网络功能进行迁移，保证移动用户服务的稳定性，提升通信体验。然而，随着数据流量的剧增，以及网络结构的复杂化，对网络功能进行虚拟迁移时会产生大量的改写数据，过多的非必要改写数据的传输会导致消耗大量的额外网络资源。因此，需要更加智能的调控技术在对网络功能进行迁移时提升有限网络资源的利用率，实现更加灵活的资源管控。

综上所述，面对 5G 移动通信日益增长的业务需求，传统的网络资源分配方案在管控灵活性和资源利用度上仍然有不足。

（二）计算机网络技术

计算机网络技术是计算机技术与通信技术结合的产物。计算机网络，即按照规定的协议，将地球上分散在各地的、独立的计算机相互连接在一起，连接介质可以是电缆、双绞线、光纤、微波或者卫星等。它具有共享硬件、软件和数据资源的功能，具有对共享数据资源集中处理及管理和维护的能力。

计算机网络通常由一组结点和链络组成。网络中的结点有两类：转接结点和访问结点。通信处理机、集中器和终端控制器等属于转接结点，在网络中负责转接和交换传输信息。主机和终端等则是访问结点，它们是信息传输的源头和终点。计算机网络技术的基本特征就是资源的共享。

三、新媒体终端技术

新媒体终端技术由个人计算机技术、数字电视终端技术和移动终端技术组成，下面将进行具体介绍。

（一）个人计算机技术

个人计算机技术自 1946 年以来的短短数 10 年间，经历了电子管、晶体管、集成电路和超大规模集成电路四个发展阶段，体积越来越小，性能越来越好，价格越来越低。个人计算机由硬件、操作系统、应用程序等元素组成。

（二）数字电视终端技术

1. 数字电视简介

我国的电视技术可以追溯到 20 世纪中期，从黑白电视机到彩色电视机，技术不断进步，最终发展成目前的数字智能化电视。

电视改革创新的催化因素是技术的发展和提升，在当下流行的数字智能化电视机当中，主要采用的是数字编码以及数字传输的形式来接收电视节目并传输给用户，数字技术能够将电视节目中的相关信息转换成数字的形式，通常情况下会用（0，1）等数字形态表示，在实现转化的过程中还融入了其他有关的技术，如数字压缩技术、调制解调、纠错掩码，除此之外，还需要引入多路复用的技术来实现数字信息等多种形式的传输。

数字智能化电视的发展除了对数字传输技术进行合理的利用之外，还结合了其他的微电子技术以及信息处理、数字通信等一系列先进的技术，最终发展成科技含量极高的现代化电子产品。

目前我国有关数字广播传输的方式主要有四种：第一种是广泛应用于农村地区以及其他偏远地区的卫星广播传输方式，卫星广播所覆盖的面积较广；第二种是适用于人口密集地区的有线广播传输方式，它能够实现信息的精准入户；第三种是网络广播，这种传输方式的应用离不开宽带网络的支撑，因此在交互性能上也较强；第四种传输方式为地面广播，这种方式的接收能力较强，在对信息进行传输的过程当中，不易受到周围环境的影响，此方式会逐渐成为未来的重要传播形式之一。

2.数字电视技术的优点

目前我国的数字电视技术在发展应用的过程当中已经得到了升级，技术转变上主要是从模拟化转向数字化，智能电视机的功能也在数字技术的影响下变得多种多样，目前的智能数字电视主要有以下优点。

第一，图像清晰度高、音频质量高。由于数字电视采用的是数字技术，因此在对有关图像与信息进行传输的过程当中所具备的性能也更加完善，通过再生技术以及纠错编码的形式来减少传输过程中的噪声，维持原有的音频质量，以使在传输的过程当中减小偏差；也能够在接收端利用"误码掩蔽"技术来减小错误代码造成的影响，使得有关数字信息即使在长距离或者是远程信号的传输过程当中也能够保持原有的清晰度和音频质量。

数字电视能够实现 5.1 声道的数字环绕声效果，使得用户在家中观看电视时有种身在电影院的感觉。在 SDTV（Standard Definition Television）数字电视中，很多节目的质量都能够与 DVD（Digital Video Disk）的节目质量相媲美，而 HDTV（High Definition Television）节目的清晰度较传统的电视机而言高出其四倍，其清晰度可以达到 35mm 的电影效果。

第二，抗干扰能力强。在传统的模拟电视机当中，主要采取的是地面广播的传输形式，在传播的过程当中容易受到外界的干扰而降低图像的质量与音质等，而采用数字技术发展而来的数字电视只有高低两种电平模式，在受到外界的干扰时能够有效地利用均衡和再生技术来真实地再现出原始的波形，维持图像和音质的原始质量。

第三，便于数据操作。转化成数字信号后，信息更容易被计算机操作，同时还能够对其按要求进行编码改造，这个特点是模拟信号没有办法实现的。

第四，采用时分多路技术。时分多路技术可以让各个传输通道被重复使用，而这样的特点则能够扩大多媒体传播的范围，即提高了其工作效率。

第五，频谱资源利用率高。数字电视在信息加工方面采用了更为高效的方法，将各种编码进行压缩使得所播放的电视节目占据的整体平台较窄，大大提高了电视硬件的使用效率，也使电视本身得到了更好的利用。

第六，设备利用率高、发射功率低。与传统的设备相比，数字设备操作简单，信息传播稳定，且产生故障的频率相对较低，在使用方面也更加具有可行性。

第七，适于特殊专业的应用。数字电视由于在信息传播时可以外加多种保密技术，能够有效地防止其他影响的干扰，并且实施这一技术的方法也较为简单。因此在一些需要进行加密的领域中，它的实用性更强。

第八，可扩展性、可分级性和互操作性。在不断进步与发展的过程中数字电视已经能够与互联网相连接，可以实现信息在不同设备上的共享。而这样的改变也使数字电视成为各个信息交流网络的一部分。

（三）移动终端技术

由于5G时代的到来，能够提供大容量数据信息的智能手机成为新媒体最为耀眼的收发终端。

5G终端技术主要包括硬件技术和软件技术，硬件技术主要有处理器技术、射频技术、显示技术、摄像技术等。软件技术方面，包括硬件驱动软件、操作系统、中间件、应用程序等。

新媒体时代的国际传播研究

第二节 新媒体国际传播的服务平台

一、数字广播

数字广播的产生离不开科技的进步和需求的提升，它是一种不同于以往模拟方式的新的广播系统，它在进行信道编码和信号调制时均采用的是数字的方式。对比于现有的模拟广播，数字广播具有很多优势。

首先，数字广播不仅在静止接收时音质很好，而且在移动接收时也能够达到 CD 音质级别的高保真品质。

其次，数字广播的抗干扰能力较强。使用车载收音机时，由于采用了更加先进的通信技术，不会产生较重的杂音。不仅如此，频谱利用率较高也是数字广播的一大优势，其信道可以并行传输多路音频节目和其他数据信息，如音乐以及语音等，有的甚至还能传输图像和视频。因此在广播接收机上收到实时路况、天气信息、时事新闻和购物推荐等图文消息成为可能。

除此之外，加扰和加密等功能也是数字广播优于现有广播的特点，这一功能为今后有偿服务的实现提供了条件。

在我国，广播是国家的重要媒体形式之一，其政治地位和社会地位都十分重要。虽然平时人们都通过电视等媒体渠道获得信息，但是在特殊时期或者极端情况下，广播才是传达信息的权威且有效的方式。此外，随着近年来汽车保有量的日益增多，车载广播的听众人数越来越多，越来越多的司机和乘客通过广播的方式了解国家时事新闻和收听娱乐节目。这本来是其他的媒体所不能代替的，但是，随着移动互联技术的不断发展，许多媒体纷纷构建了依托于互联网的流式新媒体广播。新媒体广播的内容可以联网，节目可以存储和循环播放，音质良好，用户可以自己选择频道进行收听，甚至还可以对节目进行评论或者和其他听众一起交流。况且现在智能手机十分普及，各大运营商的资费愈加合理，只要有数据流量便能在手机上收听新媒体广播。

总的来讲，无论是顺应移动互联时代的需求，还是追赶发达国家的发展步伐，研究和推广适合我国国情的数字广播技术都显得尤为必要。因此需要更多致力于研究发展数字广播的研究人员，需要他们制定出具有中国特色、符合我国国情的更全面、更先进的数字广播标准。

第四章 新媒体时代国际传播的技术应用

数字广播技术主要以数字音频广播（DAB）、数字多媒体广播（DMB）、数字调幅广播（DRM）和高清晰度广播（HD Radio）等为代表。

（一）数字音频广播

数字音频广播（DAB）又称 Eureka-147 系统，主要侧重于取代传统的 FM、AM 等模拟广播系统。在调制技术方面，DAB 采用了与 4G 一致的 OFDM（Orthogonal Frequency Division Multiplexing，正交频分复用）技术，可很好地解决移动接收环境中的多路径干扰问题，基带调制部分采用 OFDM 数字编码调制技术，具有比 FM 高得多的音质和频谱利用率。

20 世纪 80 年代初，德国的广播技术研究所首先启动了与数字音频广播相关的编码技术的研究。五年后，德国在慕尼黑开始试运行正在研究的 DAB 设备。1986 年，尤里卡联盟成立，成员包括德国、法国、英国、荷兰和丹麦等国家。紧接着尤里卡联盟制定了尤里卡 -147/DAB 计划，该计划于一年后成为欧洲重点开发的高科技项目之一。

1994 年，DAB 标准经过不断的完善和进一步发展成了国际标准。一年后，英国和瑞典成为第一批正式将 DAB 投入商业运行的国家。同年，DAB 标准由欧洲电信标准化协会发布，在这一年的 9 月，DAB 的正式广播由英国最大的广播电视公司 BBC 首先试播，紧接着欧洲的众多国家都开始了 DAB 的正式广播。

DAB 标准的升级版 DAB+ 标准于 2007 年顺利发布，编码效率相对较低的 MUSIC 算法被淘汰，取而代之的是编码效率更高的 AAC。DAB+ 标准相比原来的 DAB 标准还另外增加了 RS 信道编码，大大增强了广播信息在传输过程当中的可靠性。

随着 DAB 的不断推广，英国和丹麦等国家的越来越多的人获得了 DAB 的服务。英国的 DAB 发展迅速，2010 年以来，英国国内传统的收音机逐渐被淘汰，新式的 DAB 接收机进入了越来越多的家庭。2015 年，由于国内 DAB 的发展良好，挪威准备在两年后在全国广泛开通数字广播。2017 年，挪威决定慢慢关停 FM 广播服务，做出此决定的国家还有瑞士和丹麦。

目前全球已经有 36 个国家和地区采用了 DAB 系列标准，包括欧洲的英国、德国、法国、意大利、瑞典、挪威等大部分国家，亚洲的韩国、新加坡、马来西亚等，以及南非部分国家和澳大利亚。我国也引进了 DAB 技术，于 2006 年正式颁布了国家标准。目前，全球 DAB 商用电台已接近 2000 个，覆盖人口超过 4 亿。

新媒体时代的国际传播研究

（二）数字多媒体广播

数字多媒体广播（DMB）是广播技术顺应信息化发展需要，由模拟系统向数字系统进化的产物。DMB 系统以数字技术为基础，通过先进的编码和调制技术对各种类型的节目数据进行传输。DMB 系统作为一种新型数字多媒体数据传输技术，具有节目内容丰富、频带利用率高、抗干扰能力强等优点。

在校园 DMB 应用中，基本业务是利用 DMB 作为校园广播、考试指令和听力播报的传输系统，提供覆盖全校园的、可 24 小时不间断的高质量数字音频广播服务。

1. 数字多媒体广播的发展现状

数字多媒体广播（DMB）标准是新一代广播系统标准，也是广播通信系统领域性能最优和潜在用户最多的标准。目前，全球已有数十个国家和地区采用了数字多媒体广播标准作为广播通信系统的实施标准，具有千亿级的市场规模。在我国，数字多媒体广播标准也相应地作为取代 AM、FM 的广播标准之一，并且制定了广播通信系统相关的技术标准。

我国在 2006 年左右开始测试 DMB 技术，在北京、深圳、广州等地进行了试播，2008 年北京奥运会期间采用了 DMB 技术进行赛事转播，获得了较好效果。DMB 除了保留 DAB 原有的技术外，还新增了多项新的技术，例如，在视频压缩上采用了更加适合低码率推送视频业务的 H.264 技术，音频压缩则采用 HEAACV2 技术，数据交互使用 BIFS 机制。

数字多媒体广播采用数字化编码调制方式，相较于传统的 FM、AM 等模拟广播，其频谱利用率更高、性能更优。相应的数字广播基带处理系统的技术复杂度更高，硬件系统造价相较于模拟广播也更高。硬件系统造价主要体现在广播系统的发射端。

欧洲和韩国的企业，包括 Harris（哈里斯公司）等，这些公司在 DMB 发射系统研发领域具有较为先进的技术和成熟的产品，这些产品全部面向商业级广播发射系统，其性能稳定，但结构复杂、体积庞大且成本很高。主要原因在于数字广播发射端系统的集成度较低，特别是基带处理部分，需要多块板卡和大量芯片相互配合工作，进而导致发射机的体积和成本无法降低。

随着市场的发展，数字多媒体广播有了多种新的应用场景，如校园广播、公园广场等公共场所的信息预警和社区的信息发布。这类应用场景对广播发射机的

第四章　新媒体时代国际传播的技术应用

小型化及高集成度提出了更高的要求。同时对广播发射机的射频输出频谱的带外抑制等性能指标也有更为严格的要求，即在有邻道业务的情况下（同一区域内存在多个信息发布场所），各发射台之间的信号不能相互干扰，又彼此独立。

近年来针对DMB技术提出了大量新的应用。例如，利用DMB允许承载多个服务的特性，进行接收机的精细时间同步。又如，针对DMB覆盖范围广、可同时向大批量用户传递信息的特性，一些学者提出利用DMB进行大范围的应急广播和气象预警。一些学者还提出了基于DMB的分区预警和自动预警技术，以及双向应急通信技术。一些研究则把DMB作为一种透明的无线多媒体数据传输通道，并提出基于DMB的新一代数字多媒体信息传播技术（简称为DMB+）。其基本思想是把DMB作为与通信网络互补的一个信息传输方式，通过终端选择等技术，面向覆盖区域内的大量终端智能地发布多媒体信息。

现代通信网络虽然发达，但在关键时刻容易堵塞，且存在大量的覆盖盲区。而DMB覆盖范围广，容量大，可以同时向大批量终端实时发布信息，从而有效弥补通信网络的不足。实际上，所有单位都需要利用可靠的平台发布重要信息，例如，大学里几百间考场听力和指令的同步播报，景区的背景广播和紧急广播，大型厂区和园区的信息发布等。DMB+迎合了这种需求，已经在全国多家单位得到了正式应用。

DMB+业务模式中的主要应用之一就是用DMB技术面向接收终端播放视频。例如，社区播放消防安全宣传视频等。由于DMB的带宽限制，视频业务的可分配码率较低，通常在384—512 Kbps之间，这决定了DMB难以实时传递高分辨率视频，只能采用推送（缓冲接收＋延时播放）的方式。

同时，DMB标准中采用了基于MPEG4的BIFS（Binary Format for Scenes，二进制格式场景）机制来组织视频和音频对象，其中视频编码方式采用的是单描述编码技术，这种描述方式对于缺少回传机制的广播信道而言，鲁棒性较低。例如，在某个时刻由于无线电波的突发干扰，DMB数据流中某段数据包被破坏，由于广播信道不能立即重发该数据包（发射机无法知晓接收机的信道状况），则接收机在重构视频文件时就可能会出现文件信息不全而导致无法播放的现象。

由于分辨率越高的视频，码率一般越高，其文件就越大，在DMB信道中推送给接收端的时间就越长，遭遇突发错误的概率就越高，所以越容易导致接收文件受损、视频播放失败。同时由于同码率下分辨率越高的视频，其推送时间越长，因此，即使采用循环推送的方式，接收终端可能也需要数轮的接收才能获得一个零错误的视频文件，这就导致播放视频的延迟大大增加，影响了用户体验。

2. 数字多媒体广播的系统介绍

（1）DMB 发射端原理

DMB 发射系统基本框图主要由 DMB Client 客户端软件、DMB 发射软件两部分组成，此处主要研究 DMB Client 客户端软件的工作原理。

DMB 系统发射端工作流程主要包括以下两个部分。

第一，通过双公头音频线连接发射端电脑的麦克风与音频输出接口，将电脑的输出声音作为麦克风的输入，采集电脑声卡中的原始音频数据，再通过编码库对实时音频数据进行 MP2 格式的音频编码，最后通过传输控制协议传输至 DMB 服务器发射软件中。DMB 系统可以进行多路音频并行广播，因此可以通过在不同的 PC 端上使用 DMB Client 客户端软件进行多路音频节目的推送，目前英语四六级、传媒考试等的音频播放正是采用此方案进行多路音频传输。

第二，DMB 服务器发射软件的音频接收线程将收到的同一信道的音频数据和其他业务数据先进行信源编码和信道编码，再把每一路已编码完成的传输数据通过复用器整合为信号群传输接口（Ensemble Transport Interface，ETI）数据帧信号。然后将 ETI 数据帧信号经过编码正交频分复用（Coded Orthogonal Frequency Division Multiplexing，COFDM），生成中心频率为 2.048 MHz、带宽为 1.536 MHz 的 DMB 基带信号。最后对上述步骤得到的基带信号进行频率变换和功率放大，将低电平的基带信号转换成高电平的射频信号，通过天线完成信号发射。

（2）DMB 接收端原理

DMB 的接收端原理与 DMB 的发射端原理相反，是一个数据的解码过程。

DMB 系统接收端的信号接收和解码过程主要包括高频调谐、COFDM 解调、信道解码、信源解码和节目播放。

DMB 系统接收端工作流程主要包括以下几个部分。

第一，接收端接收 DMB 高频信号，经过滤波器进入 RF 芯片进行降频处理。RF 模块是接收终端的重要组成部分，其功能是将接收到的高频信号转换成中频信号。

第二，RF 芯片处理完成的信号仍为模拟信号，需要交给 ADC 模块由模拟信号变为数字信号。

第三，将 ADC 模块得到的基带信号交由 COFDM 解调器解调，可获得相应的传输帧复合信号。

第四章　新媒体时代国际传播的技术应用

第四，通过解复合器将传输帧复合信号分解为同步信道、快速信息信道和主业务信道的数据。

第五，最后通过相应的信源解码器即可获取原始的节目信息。

（3）Dongle 式 DMB 接收模块

Dongle 式 DMB 接收模块主要包含一个硬件模块和接收天线，该模块的功能是接收 DMB 数据，但本身并不具备音频播放能力。下面对 DMB 接收终端的各个功能模块进行介绍。

RF 芯片模块：型号为 FCI，主要功能是调谐接收由 MCU 指定频点的 DMB 信号，并将 DMB 信号由高频信号转为中频信号。

ADC 模块：型号为 ADC1173，主要功能是将 DMB 中频模拟信号转换为数字信号，再传输给基带解码芯片。

ID200 芯片模块：主要功能是完成 COFDM 解调和信道解调。

MCU 模块：型号为 STM32F103T8U6，主要功能是设置 RF 芯片的工作状态和基带解码芯片的工作状态，协调控制各模块正常运行。

（4）DMB 传输帧结构

DMB 传输帧中包含音频节目数据，其传输方式在时间上是按照传输帧逐帧传送的。传输帧中包含具有不同任务和内容的 COFDM 符号。

DMB 传输帧一共由三种不同类型的传输信道来传输 COFDM 符号，包括同步信道、快速信息信道（FIC）和主业务信道（MSC）。

①同步信道。由 DMB 传输帧中的零符号和相位基准符号组成，它们的作用是实现传输系统的基本解调功能，包括对 DMB 传输帧进行同步、实现自动频率控制、对信道状态进行估计和识别发射机序列号。

②快速信息信道，简称 FIC，处在同步信号后面，其中包含的信息主要是传输控制信息和 DMB 数据的解码信息。快速信息信道的主要功能是使接收机快速获取复用配置信息和业务信息。接收机只有对快速信息信道中的数据进行解码之后，才能对其他真正有用的数据信息进行解码。

③主业务信道，简称 MSC，用来传送真正有用的数据，其中就包含 DMB 系统需要进行广播的音频节目，一个传输帧中的绝大部分符号被安排在 MSC 中。MSC 由一定数量的子信道（SC）组成，是经过时间交织的数据信道。每个子信道都可以传送一个或者多个业务分量，这些子信道和业务分量的组合被称为复用配置，复用配置通过 FIC 传送。

（三）数字调幅广播

数字调幅广播（DRM）技术是一种可利用现有频段进行广播的技术，无须占用额外的频段资源（仍然占用 9 KHz 或 10 KHz 带宽）。

1. 模拟调幅广播的数字化

面对各种新的广播制式的竞争，面对数字技术和网络技术前所未有的冲击和挑战，传统模拟调幅广播的未来就是数字化。

最先将数字技术引入广播领域的是欧洲的 Eureka-147 工程，即数字音频广播（DAB）。这是一个全新的广播系统，需要采用新的发射接收设备，占用新的频段，优点是可以获得 CD 级别的接收音质，但是由于设备费用昂贵的问题，在中国只有部分地区建立了先导网，还没有真正得以推广。

同时还有卫星数字广播，它的覆盖面积比较广，可应用于偏远地区，以及长途客运、航运等集体移动接收业务，这是我国目前正在逐步推进的一项民生事业。

数字调幅广播（DRM）则适用于远距离覆盖，且音质较好，传输波段可覆盖中短波波段（即 AM 波段）。

2. 数字调幅广播的发展现状

1990 年以来，频段在 30 MHz 以下的中短波 AM 广播的数字化问题逐渐成为广播电视技术研究中的一个重要课题。1998 年 3 月，DRM 联盟在中国广州宣告成立。DRM 联盟是一个非营利机构，其目的是促进 DRM 系统在全世界的使用。

DRM 联盟于 2000 年 1 月向 ITU（国际电信联盟）提交了数字声音广播（DSB）的标准草案；2001 年 10 月欧洲电信标准协会（ETSI）公布了 DRM 系统规范，后来几经修改，现行最新版本是 2014 年 1 月发布的版本（ETSIES201980V4.1.1）；2003 年 1 月国际电工委员会（IEC）表决通过了 DRM 标准；同年 6 月 16 日，DRM 系统在欧洲正式广播。2005 年 3 月，DRM 联盟开始扩展 DRM 的能力系统以提供更高传输频率的数字无线电服务，将频带范围从 30 MHz 扩展至 174 MHz，2012 年 4 月，DRM 系统的工作频段已扩展至 300 MHz。

目前，全世界有近 70 多个广播电台定期播出 DRM 制式的节目，而且呈现快速增长的势头；且据统计（2000 年），全球已有超过 3333 座短波发射台、12590 座中波发射台、25 亿台 AM 收音机，其中 7 亿台可收短波广播。DRM 联盟的成员已从 2004 年 3 月的 28 国 82 个发展为 2008 年 3 月的 34 国 105 个。

进入 21 世纪以来，国内外在数字调幅广播的研究与应用方面都各有发展。近些年，我国声音广播数字化的脚步加快，无论是 DAB、HD Radio 还是 DRM，想要更好更快地发展 DRM 离不开 DRM 联盟、中国广播联盟等组织的支持，也离不开他国经验的借鉴，但根本还在于 DRM 相关核心技术在中国的进一步研究与攻关。

（四）高清晰度广播

高清晰度广播（HD Radio）标准产生于美国。最初是针对 FM 波段和中波 AM 波段由 iBiquity Digital 公司研究和开发的数字音频广播系统。在 1992 年，经过之前多年的研究，美国在国际会议上提出了其发展的数字音频广播技术，即带内同频道（IBOC）。

美国研究的带内同频道技术系统分为两种，分别为 FM-IBOC 和 AM-IBOC，两种技术分别应用于不同的场合。其中 FM-IBOC 在 FM 波段使用，AM-IBOC 在中波 AM 波段使用。在 2000 年，IBOC 技术经过多年的研究与改良，由美国提交给国际电信联盟。

之后，FM-IBOC 和 AM-IBOC 分别改名为 FM HD Radio 和 AM HD Radio，HD Radio 则是对两个技术的统称。五年后，HD Radio 标准的规范文本 NRSC-5-A 通过不断修正由美国广播制式委员会（NRSC）发布。又过了三年，NRSC 发布了 HD Radio 的修订版 NRSC-5-B。

现在，美国国内采用 HD Radio 标准发射广播节目的 AM 和 FM 发射台大概有 2000 个左右。HD Radio 的发展带来的明显变化是，美国的大部分汽车音响品牌都研究和生产了 HD Radio 车载收音机，并提供 HD Radio 的售后服务。大部分的汽车制造商的众多汽车都配备了符合 HD Radio 标准的收音机。不仅美国，在墨西哥，HD Radio 的发展也非常迅速，现在有 100 个以上的广播频道在播出 HD Radio 标准的广播节目，这些频道分布在 14 个城市，覆盖了 30% 以上的人口。

二、互动电视和 IPTV 技术

互动电视是基于数字电视和交互技术的新一代电视产品。在"三网融合""互联网+"的推动下，互动电视得到了飞速发展。随着互动电视的智能化程度越来越高，互动电视提供的服务越来越多元化、个性化，用户操作也随之越来越复杂。

（一）互动电视

1. 互动电视的概念及特点

互动电视亦称交互式电视，以智能电视或数字机顶盒为终端，为互动电视用户提供点播、回看等多种服务。互动电视观众可根据自己的喜好、时间等因素自助点播电视节目，具有以下特点。

（1）丰富的电视节目内容

随着数字媒体技术的高速发展，同时加之网络传输速度的飞速提升，互动电视在存储和传输环节都可以说是优势明显。各类别的、多样化的电视节目保存在数字媒体资源库中，可以满足用户随时在线收看的要求。

（2）电视时移回看

观众可使用互动电视中的回看功能，选取错过的节目进行回看，同时也可对这段内容进行暂停、快播、倒放等多种操作，该功能又被称作电视时移。电视时移功能可以使用户不再因为错过自己喜欢的电视节目而苦恼，为用户增添了多样化的收视体验。

（3）互动点播功能

互动电视有着双向传输的功能，颠覆了传统电视单向的传输形式。互动电视不仅可以为用户提供各个频道正在播出的节目，用户还能通过菜单点播的方式收看传统电视收看不到的电影、国内外剧集等多种多样的节目内容。观众可依据各自的喜好选择相应的内容进行点播，也能将其收入自己的收藏夹内，方便以后欣赏。

（4）全方位的综合服务

数字互动电视不仅可以收看正在播出的频道，点播媒体资源库中的节目，还能为使用者提供多重的信息化、多样化的服务内容，如视频聊天、游戏娱乐等传统电视所没有的电视业务。通过数字电视机顶盒，还可以将手机、平板等移动终端上的内容投屏显示在电视中。互动电视多维度的交互服务，是其最为突出的优势之一。

2. 互动电视的发展现状

随着广大人民群众精神生活质量的提高，观众对节目内容的要求越来越高，广电运营商和电信运营商的传统直播节目难以满足观众的需求。电信运营商推出的网络协议电视（Internet Protocol Television，简称 IPTV）和广电运营商的互动电视，都可以为电视用户提供视频点播（VOD）功能，为用户提供内容丰富、画面清晰的点播节目，一定程度上满足了电视用户的需求。随着带宽的迅速提高，有线运营商很可能被边缘化。

随着互联网跨越运营商设备（Over The Top，简称OTT）及智能终端视频类（Application，简称APP）的广泛使用，跨屏互动是机顶盒占据家庭媒体中心的手段。随着互联网和数字视频广播（Digital Video Broadcasting，简称DVB）技术的发展，DVB+OTT盒子、IPTV机顶盒、互动电视机顶盒等终端得到广泛应用，功能单一的互动电视平台无法同时满足不同终端的业务需求。DVB+OTT业务将成为广电行业最终的发展方向。

融合平台可以提供强大的增值业务，可以再次将用户的眼球吸引到电视大屏幕，还能为运营商带来很好的经济效益。美国运营商Comcast制定了下一代视频点播架构（NGOD）。NGOD是新一代视频点播服务基本架构，定义了广电DVB+OTT方案的关键组件及模块的接口。把网络机顶盒和传统的电视机顶盒融合起来，为用户提供服务。DVB+OTT业务不仅融合了传统的DVB业务，还整合了电视媒体和IP网络的优势。不同的终端都可以共同使用同一个互动电视系统。因此，非常有必要建设一个可靠稳定、兼容性好、扩展性强的融合互动电视平台，为不同的终端用户提供多功能的服务，满足电视用户多样化以及个性化的需求。

目前，互动电视平台可以开展以下业务。

第一，可以收看直播节目，直播节目具备时移和回放的点播功能。

第二，提供双向VOD点播业务，可点播丰富的节目。

第三，提供更多的增值业务，提供便民服务。

（二）IPTV技术

1. IPTV技术的概念及特点

（1）IPTV技术的概念

IPTV是指集合和整合宽带网资源，利用流媒体技术，通过互联网协议，将宽带网络、流媒体编解码、信息加密和存储技术等数字技术进行融合，为用户和观众提供视频和点播类的多媒体交互式业务。IPTV最重要的一点是利用物理网络作为传输载体，用户接收可以采用计算机、电视、手机等便捷设施设备，这些设备有一个通用特征，即可以承载音频业务的智能显示。

基于产品和服务的视角，可实现比传统电视服务更多的交互内容，例如电视直播、网络点播和电视购物等，甚至可以实现可视电话、网页浏览、在线游戏等增值业务，提供随时随地的人性化互动服务。

（2）IPTV 技术的特点

IPTV 作为一种交互式体验技术，具有以下特点。

第一，个性化与互动性。IPTV 不同于传统电视播放的模式，它将主动权完全交还给了用户，用户可以根据自身的爱好对电视节目进行选择，同时 IPTV 还依靠 IP 网络对国际优秀频道的节目库进行收纳，可以给用户提供更多的选择空间。

因 IP 地址存在唯一性和网络双向交互特性，IPTV 系统可以准确地获取每个用户的喜好并根据其喜好提供差异化和个性化服务，从而形成不同的服务界面。IPTV 系统还能对用户开户、销户行为进行计算，对用户的不同行为进行统计分析，可以实现管理的整体化和专业化。

第二，高质量的收视效果。IPTV 是高效的视频解压技术，可以使用户获得更高质量的数字媒体服务。用户端接收的视频可以接近 DVD 的视频效果，而呈现接近 DVD 的视频效果的传输速度通常在 800 KB/s，而 DVD 通常的视频流传输带宽需要 3 M/s。IPTV 对开展网络视频直播、远距离真视频点播节目源制作等视频类业务具有极大的竞争优势。

第三，广泛的自由度。传统的电视播放是一种单方面向用户传输视频的方式，当观众对所有播放内容都不感兴趣的时候，观众会选择关闭电视，且电视节目内容都具有特定性，即在特定时间播放特定内容，这使得观众会因为工作或者出行时间而错过自己喜爱的电视节目，造成观众收看电视节目不尽人意。这种单方面的传统的电视播放模式使观众处于被动状态，而 IPTV 的出现，解决了这种被动性。IPTV 增强了与用户之间的联系，使电视内容变得多样化，增强了观众选择的自由性，IPTV 应该是一个"内容超市"，用户有权力自由"采购"想要的内容。

第四，实质性互动。IPTV 将电视、通信和计算机三个领域结合在一起，用户可以根据自身的喜好选择多媒体内容，包括各种电视节目、音频节目，以及各种在线娱乐节目，体现了 IPTV 的互动性。

第五，便捷数据获取。网络提供了一个平台，这个平台具有中介性，用户可以在网络平台上获取信息。网络的融媒体技术，可以根据用户的不同，选择播放不同的电视内容和广告内容，做到有的放矢。

第四章　新媒体时代国际传播的技术应用

综上所述，IPTV 的出现，不仅仅集合和整合了传统电视和互联网业务，而且对于人们的日常娱乐生活都有着相当重要的意义，同时推动了通信技术的发展，IPTV 技术的应用前景也得到了人们的广泛认可。

2. IPTV 技术的发展现状

IPTV 实际上是一种交互式网络电视技术，该技术中涉及了多媒体以及互联网等新技术，能够将不同的媒体信息以互联网的形式高效提供给相应的用户，满足了用户在多媒体服务上的需求。

IPTV 业务的发展较早，大约在 20 世纪 80 年代时，部分发达国家在研究过程中就提出了早期的 IPTV 业务模型。美国在互联网以及通信技术领域处于全球领先地位，在网络技术发展的过程中，有美国企业基于 DSL 等开展了视频信号传输的研究和实验，但是由于与有线电视业务的交叉性比较明显，此类业务的发展并未得到足够的认可，电信企业并没有在视频市场中处于有利的地位。

近些年来有大量厂商相继加入 IPTV 业务领域中，整个市场的发展潜力被极大地拓展。相关数据显示，只是在 2003 年初期到 2004 年 9 月，提供 IPTV 业务的运营商持续增多，已经增加到 50 家以上，相对于上一年度增加了 20 多家，增长率超过了 60%。

国际上一些企业以及国内很多企业都很重视 IPTV 业务的发展，在技术以及资金等方面的投入持续增加，国内尽管在该业务领域起步较晚，相对于部分发达国家存在一定的差距，但是在近些年随着研究的深入，同样保持了较高的增长速度。2006 年，在上海启动了 IPTV 商用的进程，并在多个地区开展了 IPTV 业务的试点工作。

截止到 2020 年，我国实现 IPTV 三网融合的城市已经达到了十二个，未来这一数字必然会继续扩大。总体来看，在 IPTV 业务不断成熟和发展的过程中，也体现出了广阔的应用前景。未来的电视将提供多样化的媒体服务，充分发挥互联网技术与电视终端相结合的优势，从而为广大用户提供更高品质的多媒体服务。

3. IPTV 系统分析

IPTV 作为一种多媒体视讯业务，它以宽带网络为传输媒介，通过 TCP/IP 协议对编码压缩后的视频文件进行传输，最终将直播视频以及其他多媒体业务投放在电视、电脑等终端上。

(1) IPTV 系统结构

IPTV 系统一般由前端系统、传输网络、接收终端三部分构成，提供高实时性的广播或者交互式点播服务。具体的各部分功能描述如下。

①前端系统：IPTV 前端系统主要的功能有采集节目、节目存储和提供服务。采集节目内容需要 IPTV 运营商将内容进行重新编码。节目存储需要将采集并处理后的大规模数据内容进行分布式存储，而提供服务则需要通过 IP 承载网将内容传输到目标终端。传输服务通过 IP 单播或组播的形式将加密的节目内容传送到目标终端，而用户以及用户终端设备必须通过 DRM 进行认证授权获取权限，最终才能合法地解密多媒体节目进而进行播放。

②传输网络：IPTV 网络系统以 IP 核心网络、电信中心站以及各类终端设备与网络进行互联，它们为 IPTV 的点播和组播提供了路由交换传输。为了减少点播请求带来的压力和提高稳定性，负责传输的承载网络将使用媒体节目分送技术。

③接收终端：IPTV 用户用接收终端获取、保存、转发以及播放 IP 视音频媒体文件。它包括了 STB（机顶盒）、播放机等。最基本的情况下 IPTV 接收终端只有以太网接口能与外部网相连，没有内置的调制解调器。如果是集成式的 IPTV 接收终端则包括了其他各种调制解调器，能直接与宽带网络连接。此外，用户管理、媒体资产管理等相关软件也是 IPTV 系统不可或缺的部分。

(2) IPTV 业务系统

IPTV 融合了多种通信技术，为用户提供家庭数字电视服务。现阶段 IPTV 产业链已经非常庞大，其中包括运营商、内容提供商、设备平台、家庭用户、企业用户等。

根据 IPTV 的业务总览，可以看出 IPTV 业务已经包含了生活的方方面面，其中 IPTV 产品主要包括以下四类。

①基础电视服务。基础电视服务的主要内容类似于广电数字电视，该服务主要提供电视直播服务，包括中央电视节目和其他地方电视节目。在资费方面运营商将电视服务和其他通信业务相结合，与单独收取资费的广电电视服务相比有较高的性价比。

②增值电视服务。增值电视服务主要指 IPTV 提供的个性化点播服务以及直播回放功能，与传统的广电数字电视服务相比，IPTV 具有更加多样的个性化服务。同时随着宽带网络的提速，IPTV 正在推广 4K 高清电视服务、杜比音效等高端服务。

③付费应用。近年来 IPTV 推出了个性化应用服务，包括游戏、社交、娱乐

等，依托于庞大的用户群体和强大的产业链，IPTV 提出了构建智慧家庭的发展目标。

④服务类业务。服务类业务主要面向集体用户，包括企业、政府、事业单位，为其提供内容定制、个性化推送、云平台存储等服务。服务类业务具有较高的商业价值，例如，广告投放、行业 TV、广告轮播等在高校、酒店、教育机构等领域都有巨大的市场空间。

（3）IPTV 网络架构

IPTV 系统根据业务功能逻辑划分为五层结构：内容运营网络、业务运营网络、业务网络、承载网络以及家庭网络。IPTV 网络系统主要由内容运营网络和业务运营网络将用户接入并进行控制、管理以及提供服务；利用 IP 网络作为承载网进行内容的传输；由内容分发网络对节目内容进行负载均衡调度、分发、存储和处理；最终通过终端 STB 解码并在播放终端显示内容，完成所有服务请求。

①内容运营网络。内容运营网络是由第三方业务提供商以及内容运营商建设的网络平台，主要包括了计费服务系统、内容管理系统、运维支撑系统、业务处理系统。

内容运营网络主要是对媒体文件进行存储、管理、审核、发布、组织以及转播，对业务逻辑数据进行分析处理。此外还提供第三方接口让业务供应商为用户提供互动节目、信息服务、游戏功能、电子商务等其他业务。

②业务运营网络。业务运营网络为业务提供商、内容供应商、IPTV 用户等提供集中式服务。

业务运营平台主要由内容管理系统、业务处理系统、内容分发系统、运维支撑系统、接口系统、话单服务系统、直播中继系统以及各种业务功能模块等组成。业务运营网络提供的各个功能如下。

③业务网络。业务网络主要提供内容定位、内容调度、服务调度等功能。

④承载网络。IPTV 承载网络主要通过骨干网络进行构建。为了降低丢包率、降低网络延迟，利用 QoS（服务质量）保障并以业务的优先级进行服务，支持组播协议、组播的控制管理、组播转发以及频道的快速切换；对传输安全进行可靠性保障，对视频业务进行安全隔离。

⑤家庭网络。家庭网络则包括常用的 STB（机顶盒）、电视以及智能手机等终端，为用户提供应用层服务。

三、数字出版技术

（一）出版的概念

对于"出版"这一概念，国内外存在多种表述方式。公元 1300 年，法语中用"publier"一词表示出版活动。同样，在英语中也将"publish"表达为与出版相关的活动。如果从词语的根源来研究的话，不论是法语还是英语中，表示出版活动的词语均来源于拉丁文的"publicare"，表达了向公众展示的意思。

美国的《出版词典》将"publish"界定为制作，同时向公众销售等行为。同时又将"publication"表示为印制的作品或传媒作品。

《世界版权公约》也将这一新兴词语解释为，将作品以特有形式进行拷贝，同时将拷贝件公之于众，使公众得以欣赏。

欧洲国家以及美洲国家对于出版这一定义更加注重于对公众的传播。相反，日本对于出版的概念侧重内容资源的生产阶段。

现在对于出版的定义包含了编、印、发这三大模块。将图文、音像制品或其他资源进行挑选、编辑、再处理，通过印制的形式向公众进行发行，这一套流程则被称为出版流程。同时出版所衍生的意义又包括对文化的传承，以及对文化遗迹的保护。所以，目前大众对出版的概念普遍认定为，将图文、音像、电子等信息资源赋予在特定载体上的拷贝、发布等行为。

（二）数字出版的概念

数字出版这一概念最早起源于"Digital Publishing"一词，人们将其翻译为两种含义，一种为内容的数字化出版，另一种为出版的数字化。这两种不同的解释催生出狭义与广义的区别。从广义来说，从开始至结束的整个过程中，只要有一个阶段使用了技术手段就可以称其为数字出版。而狭义的数字出版指的是在整个生产过程中不仅要有技术的加入，出版企业必须持有符合法律规定的出版发行资格。

1. 国外的数字出版定义

国外对数字出版概念的提法较少，而更多提到的是数字内容产业和管理。

澳洲学者认为，通过网络进行发布的过程称为数字出版，所制造研发的资源通过全世界统一的平台进行传播，所创建的数字资源库可供以后反复查询。

2.国内的数字出版定义

根据出版物的载体进行划分,国内学者对数字出版做出了如下定义。

赖茂生在早期时候就对数字出版进行了界定,他认为的数字出版更倾向于网络出版,将图片、文字等资源内容和数据库技术相互融合,重塑传统出版企业的出版过程,以制造电子和网络出版产品为主。

谢新洲在《数字出版技术》一书中提出:"所谓数字出版,是指在整个出版过程中,从编辑、制作到发行,所有信息都以统一的二进制代码的数字化形式存储于光、磁介质中,信息的处理与传递必须借助计算机或类似设备来进行的一种出版形式。"他提出数字出版是一种新的出版形式,以二进制代码形式存储,依赖光、磁介质,同时指出数字出版必须借助计算机或类似设备。

周荣庭认为在整个生产环节通常以各种机器设备来实现的出版称为数字出版。

徐丽芳也同样认为数字出版就是在整个编印发环节中,以计算机语言在电、磁等载体上进行传递,所用的设备一定是计算机和其他相似的机器。以上界定均强调载体的重要性,同时将数字出版根据载体的不同而划分。

从技术角度进行划分,国内学者对数字出版做出了如下定义。

书生之家数字图书馆提出把网络设为通道口,将数字资源作为流通信息,通过线上交易而进行的互联网销售与传播的形式称为数字出版。

张力强调了技术对数字出版的重要性,从广义上来讲,只要在生产、制作、发行、销售任何一个环节融入计算机技术都可以称为数字出版。这里强调了数字技术在数字出版中的重要性,而数字技术不仅体现在载体方面,更体现在整个出版过程的方方面面。

目前,行业内众多学者都比较认同 2010 年新闻出版总署颁布的文件,其中指出:数字出版是指利用数字技术进行内容编辑加工,并通过网络传播数字内容产品的一种新型出版方式,其主要特征为内容生产数字化、管理过程数字化、产品形态数字化和传播渠道网络化。这一概念是目前比较权威的关于数字出版的概念。由此可见,数字出版主要在产品形态、传播渠道上和传统纸质出版有区别,这也为数字阅读带来了和纸质书阅读完全不同的特点。

(三)数字出版的发展历程

数字出版的发展大体上经历了传统出版的数字化、封装型数字出版、网络出版和移动出版等过程,这几个过程相互穿插地推动着数字出版的发展。

数字出版的起步始于印前和印刷的数字化。这个过程在计算机发明之后不久就开始了,并沿着两条路径发展:一是编辑加工、文字处理和排版软件的开发与完善;二是从制版到印刷技术的数字化。这期间出现了桌面出版、按需印刷出版等既在数字出版的框架之内,又有其独特技术和业务内涵的新模式。到20世纪的最后20年,数字技术已经基本贯通了出版物的生产全过程。

封装型数字出版产品是较早出现的数字产品形式,其外延与我国《电子出版物出版管理规定》中定义的电子出版物比较接近。载体从最初的磁带逐步过渡到软盘、光盘。

网络出版的起源可以追溯到20世纪60年代的联机情报检索服务系统。到1991年前后,早期的联机检索数据库基本上被光盘出版物取代,同时基于万维网的包括数据库在内的各种新型网络出版形式日益兴盛。

移动出版也是网络出版,只不过它所依赖的是各种类型的无线网络。虽然自20世纪70年代早期至今,移动技术在移动通信技术与移动计算技术融合的推动下,已经历了四五代技术变革和演变,但直到1998年第三代无线通信技术问世,由于其支持无线网络中的宽带语音和多媒体通信,移动出版才正式发展兴旺起来。

(四) 数字版权的相关概念

1. 版权

版权,又称为著作权,是创作者与创作者之外的著作权人针对文艺作品以及科学技术作品具有的特有的人身与财产权。也可以理解为在指定的保护时效内,创作者对自己创作的创作之物所具有的特有权利。

2. 数字版权

在权利界限方面,数字版权无论是权利参与者、权利指向对象,还是权利的具体内容均与版权有所出入。

在权利特性方面,互联网背景下创作的数字产品或作品一般有着相互融合的特征,艺术、美术、电影等各种作品相互杂糅,无法继续运用曾经的区分方式。而且,版权究竟归谁也变得难以划分,如在原作者的创作形式上再创作形成的创新作品的著作权究竟该归属于谁,很难抉择。

在权利维护方面,数字作品一般共享于网络之上,而网络的传播又极为快速与方便,进而较难确定作品的使用界限,所以数字作品维权的难度指数相对较高,而我们能做的便是使各自的利益最大化,做到稳定、和谐地发展。

(五)数字出版研究的趋势和建议

1. 数字出版研究的趋势

(1)继续探索出版融合发展方向

融合发展是一个根植于现实的,多元化、新兴的研究领域,其理论和实践仍处于积累阶段,研究状态仍然很活跃,远远未达到成熟状态。对于融合发展的相关研究是我国数字出版的新的热门研究方向。

研究人员研究了数字出版业与传统出版业之间的融合、产业链的创新以及产业发展的战略转型等方面。数字出版生态结构链由内容提供商、渠道运营商、终端厂商以及受众构成。未来,研究者们将会继续探讨新的产业融合路径来应对不断变化的社会。

(2)探讨数字阅读在未来的普及和优化

未来数字出版研究将会更加关注读者的阅读偏向。消费者的阅读习性跟随技术的发展和思想的变化也产生了巨大的改变。未来数字出版研究应该以新时代社会受众阅读习惯的改变为背景。阅读的终端在不断变化,阅读的场景更加多元,更加与人们的生活场景相交融,受众的阅读习惯也在发生改变。

很多青年受众或未成年受众的阅读习惯已经由阅读传统纸质图书转变为多屏多渠道接收信息,阅读行为也由单纯的阅读转向生产行为。因此,未来的数字出版研究应把视角放得更加宏观,不要仅仅关注数字出版产业本身的内容。相信未来的数字出版视角会更加宏大,更贴合社会实际。

(3)寻找高质量数字出版人才队伍建设路径

5G时代已悄然来临,出版行业工作者必须拥有互联网思维,积极拥抱互联网,全面把控媒体发展,向产品经理方向转型。

数字出版人才的培养也必须成为学界和业界高度重视的话题。出版教育必须扛起新时代出版人才培养的大旗,从理论和实践的角度来培养人才,对于不同学历层次的人才培养要发挥院校优势,利用"产学研用"机制培养一批既有互联网思维又有实操能力的复合型数字出版人才。未来,研究者们将继续探讨数字时代究竟需要什么样的人才以及数字出版人才的培养策略,继续寻找实用的人才培养路径。

2. 数字出版研究的建议

（1）建立稳定的数字出版学术交流合作平台

通过调查发现，目前数字出版领域内的合作网络非常松垮，大多数的合作都是基于地缘关系或师生关系。不同地区的互动交流仍然存在着"天然屏障"。与此同时，当前科学研究成果的质量正在提高，但数字出版领域的基本理论共识仍然存在一些缺陷，非常不利于该领域的发展和进步。所以建议建立稳定的数字出版学术交流合作平台，以促进多样合作网络的形成。

（2）强化数字出版领域的理论基础

从研究热点的演变中可以看出，当前我国的数字出版受业界实践和新兴技术的影响过大，存在盲目追逐热点的问题，理论不够扎实。在分析数字出版的知识基础时，可以发现在实际操作中存在一些问题，数字出版的知识基础过于薄弱，和其他学科或领域相比，关键性文献、奠基性文献的数量都屈指可数，研究价值不大。整体来看，当前的数字出版研究偏重于实证研究，缺乏本质研究和理论分析，思辨研究过少。数字出版直到今天并没有形成良好的理论基础，专攻数字出版理论研究的学者也可谓是少之又少，系统的研究网络尚未形成。

第五章 新媒体时代国际传播的内容形态

随着社会的不断进步与发展,我国新媒体的国际传播内容越来越受到重视。本章分为新媒体传播内容的特点、互联网传播的内容形态、移动数字媒体传播的内容形态、互动电视传播的内容形态四部分

第一节 新媒体传播内容的特点

新媒体是依托于信息技术变革等客观因素形成的,互动性及融合性均较强的全新的媒体平台,覆盖范围较为广泛。虽然新媒体的发展时间较短,但对比此前的其他媒体,受众数量的增长速度却极为迅速。网络已成为人们获取信息的主流渠道,加强新媒体利用的优势逐渐凸显:一方面,新媒体有着丰富的形式形态,具有随时随地接收发布信息等多种特别的优势,影响着受众的生活、生产习惯;另一方面,微信、微博等多种APP相继产生,在带动了生产生活和沟通活动的同时,也成为重要的市场经济构成力量,创造了相应的社会价值。新媒体的传播内容具有以下特点。

一、传播内容具有广泛、多元的特点

《传播的数学理论》指出,"传播的基本模式是信息由发送者经一个特定的管道发出,当然一个信息的发出会伴随产生'噪声'等冗余信息,而后信息被转换成符号存储,接收者通过下行管道接收信息,并再次转换完成整个传播过程。"近一个世纪以来,大众传媒以特定方式或技术对真实世界进行有选择的"再塑造",然后以特定的方式向一般受众传播。这是一种典型的单向交流方式。这种单向的信息传递,导致了传播者与接收者之间的不对等,导致了民众在接收信息时,不能公开发表自己的观点,而只能被动地承受和接受大众传媒的影响。而在

新媒体时代，信息的发送者和接收者之间的界限已经变得模糊。

在新媒体时代，每个人都是"内容制造者"。理论上来说，每个人、任何组织，都可以在自己的电脑、手机上，在信号覆盖范围内，随时随地地创作出自己的作品，并将其传播到整个世界。大众是新媒体时代的受众、传播者和信息发布者。

在新媒体时代，更多的民众积极参与到社会新闻事件的讨论和发布中，许多人也利用网络搜寻行为表达自己的观点，聚集成一群，组成一个新的社群，吸引更多的注意力。

与过去的媒介相比，新媒介在内容形式上更为多样化，文字、图像、视频、音频、动画等多种传播手段结合起来，并通过PC终端、手机等媒介进行传播。

二、传播内容的互动性更强

中国传媒大学娱乐经济学博士后张小争指出："互联网业务成功的关键要素包括但不限于自我性上传、个性化选择、主体性互动、大众化集群、病毒性传播、爆炸性流行等。"

互动性是新媒体的显著特征。在新媒体时代，自我表达的单向沟通已不再是一种普遍现象。越来越多的人在选择资讯内容时，会更倾向于交互式。网络互动已经成为新媒介的主流，也是新媒介中最重要的一个关键词。

新时代的年轻网民们，他们的行为正在发生改变，已经不再单纯地对媒介进行消费。

就像丹·希尔在《为什么〈迷失〉会成为一种新媒介》中所说的那样，受众并不只是受众，他们还在相互交流的基础上对电视节目进行了重组。有相同的兴趣和标签的网民，他们更有可能聚集在一起，形成一个网络社区，在信息交流中保持更多的交互。也可以这么说，他们是信息的传播者，是信息的接收者，并且他们会把信息传递给下一个节点。

更多的品牌把使用者看作能够产生价值的生产者，从而推动他们参与到设计、创意和分销过程中，比如用户生成广告（Users Generated Ad，UGA）等。使用者拥有对资讯的掌控与控制、表达与传播的自由，并能在企业的沟通活动中展现出无穷的创意。因此，信息传播的内容也会变得更为宽泛、多样化。

三、媒介内容更加趋向整合

如今，媒体的传播内容通过数字技术的整合，变成了"比特流"，不同媒体形式的内容都有了一个统一的数字编码基础。这使得技术要素日益成为内容生产的重要工具，内容生产也大量融入了技术的基因。随着媒体技术的不断发展，媒体的信息译码和编码技术也在不断地优化升级，使其成为内容聚合的生产方式。就像半岛电视台，它利用 Storify 软件，对消息进行筛选，然后将故事串联起来，让电视上的新闻变得更加精彩。

科学技术的发展促进了信息的流动，随着人们和知识之间的联系越来越紧密，新的知识也越来越多，最终形成了内容的爆炸式增长。与此同时，数字技术打破了传统媒体在内容上的隔阂，促进了媒体之间的内容整合，最终形成一个标准的内容产品。

四、非线性内容优势明显

与传统媒体相比，新媒体在多媒体和互动性方面具有很好的融合性，在传播内容的非线性方面表现出了显著的优越性。

新媒体的非线性内容为观众的自主选择创造了有利的条件，在时间、空间上更为方便，没有版面、时间限制，观众可以在不同的平台与网页间自由切换，按自己的需要来控制播放进度条，各新媒体平台还设置了个性化编辑、收藏、共享等功能，大大方便了受众。

第二节　互联网传播的内容形态

一、互联网概述

（一）互联网的诞生与发展

互联网实际上是传播技术在发展过程中的必然产物。从时间线索上来看，1946 年，第一台通用计算机（ENICA）在美国研制成功，用于实时演算弹道导弹。其之后的一段时间之内，计算机的主要工作仍停留在加快以往的计算过程上。直到 1969 年，Arpanet，即互联网的雏形，在美国研制成功，其实质为分布式控制的分组交换网。它的核心进步点是，整个网络的稳定性依赖于其分布式网络架构，为网络未来的多样化发展，提供了基础条件，而且这种"扁平化""去中心化"的核心属性贯穿始终。

新媒体时代的国际传播研究

作为可以在不同国家、地区之间共享网络的方式，网络协议的诞生无疑是互联网发展中的重要技术突破，其中 TCP 协议，以及 IP 协议，于 1974 年被提出，不同的网络需要统一的协议进行互通传输，互联网协议便是互通的钥匙。直到 1983 年，TCP/IP 协议在美国被确立为正式标准，意味着真正意义上的"互联网"得以建立，虽然该网络当时还仅在美国通行。7 年之后，全球信息网的概念被提出，即实现全球范围内的文字、声音、图像、视频的超文本信息传输，同时，不同的信息可以通过超链接的方式联系起来。1993 年，基于全球信息网概念的第一款网络浏览器——Mosaic 在美国正式上线，不久，Mosaic 的创始人，马克·安德森基于这款浏览器创办了 Netscape Communications Corporation，即大名鼎鼎的网景公司，同时 Mosaic 也升级成了 Netscape，浏览器的技术进步极大程度地推动了互联网的民用化发展。紧接着，美国政府提出了著名的"信息高速公路"计划，计划通过国家层面的光纤网络建设措施，将诸多机构、组织、学校、个人、企业通过互联网联系起来，至此，互联网的商业进程便真正开始了。

（二）中国互联网的特殊性

作为当时的重要国家"战略"措施，中国开始研究互联网的时间并不算晚，1986 年，中科院高能物理研究所，通过卫星，利用一台 IBM 商用计算机，向日内瓦发出了第一封国际电子邮件，次年 9 月，中国计算机科技网于北京，正式建立了中国第一个国际互联网的电子邮件节点，并于 9 月 14 日，发出了著名的中国首封电子邮件。至此，揭开了中国人对互联网进行应用的幕布。1990 年底，发出我国第一封电子邮件的钱天白教授，注册了中国的顶级域名 .CN。1993 年，中国提出并确立了自身的域名体系。

在上述技术门槛落实并确立之后，互联网于 1994 年正式进入中国，1994 年 4 月，中国开通了第一条 64K 国际互联网专线，实现了与全球互联网的全功能对接，也由此得到了国际对于中国全功能互联网地位的认可。同年 8 月，由国家计委投资的中国教育和科研计算机网（CERNET）正式立项，其最初的目的为建立高校之间的计算机联网与资源共享平台，并与国际上的学术计算机专项网络互连。1997 年元旦，人民网，即人民日报主办的官方网站，作为中国首家开通的中央新闻媒体，与国际互联网正式连接。1997 年 6 月，中国互联网络信息中心，即 CNNIC 正式由中科院计算机网络信息中心组建。同年 10 月，中国实现了四大骨干网——CHINANET、CSTNET、CERNET、CHINAGBN 的互联互通。

进入新世纪，2000 年 5 月，中国移动互联网（CMNET）正式上线运行。同年9月，《互联网信息服务管理办法》由国务院发布，正式将互联网的信息纳入国家体系管理之中。2001年12月，中国联通的CDMA移动网络一期工程竣工，标志着中国的移动通信技术迈上了一个新的台阶。

中国于1997年中成立的中国互联网络信息中心（以下简称为CNNIC），于2008年推出《数说互联网：中国互联网络发展状况统计报告》，将互联网的数据与中国社会发展明确结合。直至2019年3月，CNNIC共发布了43次官方报告，显示截止到2018年12月，中国网民规模已达8.29亿，互联网普及率已达59.6%。另外，作为中国的重要经济组成部分，内地与港台之间的互联网比较也于新世纪形成，香港中文大学亚太研究所的梁永识发表的《互联网在中国社会之崛起：四大城市的比较研究》，研究了内地及港澳台互联网与社会发展形态之间的辩证关系，为中国的互联网整体发展做出了有益的补充。

二、互联网传播概述

（一）互联网传播的概念

把握互联网传播的定义，直接关系到互联网传播学这门学科的主要任务和研究对象这两项问题。在了解互联网传播的概念之前，准确了解"传播"这一概念是十分必要的。国外学者具有代表性的定义如下：库利从社会学角度认为传播是人和人之间的关系赖以成立和发展的机制；歌德的共享说将传播定义为一个由独享到共有的过程；阿耶尔则认为，传播就是信息传递的过程，表达感情、下达命令也是传播。国内学者关于传播的定义也多种多样。张国良认为传播就是传授信息的行为或过程；郭庆光把传播看作社会信息的传递或社会信息系统的运行；胡正荣则认为传播是信息流动的过剩。国内虽然在表述上不尽相同，但从中我们可以看出传播必须具有两大要素：信息和流动过程。

关于互联网传播的定义研究，中国现代媒体委员会常务副主任诗兰认为，互联网传播包含三个最为基本的特点：交互性、全球性和超文本链接方式。因此，诗兰给互联网传播下的定义是，以全球海量信息为背景、以海量参与者为对象，参与者同时又是信息接收与发布者并随时可以对信息做出反馈，它的文本形成与阅读是在各种文本之间随意链接并以文化程度不同而形成各种意义的超文本中完成的。也有部分学者认为，互联网传播是20世纪90年代在传播领域出现的一个新生词语，是三大传播媒体（报纸、广播、电视）之外的新型的信息传递方式，是以多媒体、网络化、数字化技术为核心技术依托的现代信息革命的产物。综合来说，所谓互联网传播可以概括为，通过计算机网络进行的人类信息（包括新闻、知识等信息）传播活动。在互联网中传播的信息以数字化的形式存贮在磁、光等存贮介质上，信息的使用者通过计算机等类似设备使用这些信息。互联网传播以计算机通信网络为基础，进行信息的传递、交流和利用，从而达到传播文化的目的。

（二）互联网传播的特点

互联网传播的特点，是相对于电视、广播、报纸等这些传统媒体的特点而言的。互联网传播的特点，总体来说可以归结为两大类。

1. 内容及其表现形式的特点

第一，信息传播的数字化。互联网传播称得上是完全意义上的数字化传播。数字化是互联网传播可以有效进行的前提。正像原子是构成客观物质世界的基本单元一样，比特是构成互联网信息世界的基本单元。在互联网上，各种各样的信息载体，不论是文字、图像，还是声音、视频，归根结底都是通过"0"和"1"这两个数字信号所形成的不同组合来表达显现的。这就使得信息第一次不仅获得了在内容上的统一性，更获得了在形式上的同一性。数字化的革命意义不仅在于信息的传送和复制变得更为便捷，更重要的意义在于不同形式的信息之间可以做到更加方便地进行相互转换，如同微信里的声音可以转化为文字。

第二，信息传播的全球性。就信息传播的范围而言，以广播、报纸、电视为代表的传统媒体的信息传播范围同互联网信息的传播范围是不可同日而语的，互联网信息传播具有一种全球性的特征。这种信息传播的全球性直接决定了互联网上传播的信息是具有开放性的。这就意味着我们目前使用的国际互联网，并不为某个人或某些人所专有，而是全人类共享的。互联网传播的全球性并不是一个空洞的政治口号，它有强大的技术条件做支撑。互联网是按照"包切换"的方式进行连接的分布式网络，因此在技术的层面上，互联网不存在中央控制的问题。也就是说，不可能存在某一个国家或者某一个利益集团通过某种技术手段来完全控制互联网的问题。反过来，也无法把互联网封闭在一个国家之内——除非这个国家不打算建立互联网，而是要建立别的什么网络。

互联网媒体的存在和发展打破了以往传统媒体条件下，信息的传播范围多限于本地、本国的情况，使得信息的受众可以遍布世界的任何一个角落。互联网媒体的这一特征，使得个人网站亦可以在一夜之间成为全世界网民关注的对象。例如。21世纪初最早爆出美国总统克林顿同白宫实习生莱温斯基性丑闻的,就是美国的一位年轻人马特·德鲁吉所开设的个人网站。

第三,信息的多样性与无限性。这是指互联网传播相较于传统媒体,在信息的传播数量上具有空前的无限性,在传播信息的类型上具有极大的丰富性。因为无论是报纸、广播,还是电视,其在单位时间和空间中所传播的信息,都是有限的,而互联网媒体贮存和发布的信息容量巨大,有人将其形象地比喻为"海量"。

第四,信息的可存储、易复制性。关于这一点,美国麻省理工学院媒体实验室主任尼古拉·尼葛洛庞蒂在其著作《数字化生存》中曾有过精妙的论述:"信息社会,其基本要素不是原子,而是比特。比特与原子遵循着完全不同的法则。比特没有重量,易于复制,可以以极快的速度传播。在它传播时,时空障碍完全消失。原子只能由有限的人使用,使用的人越多其价值越低;比特可以由无限的人使用,使用的人越多其价值越高。"

第五,信息的易检索性。由于互联网传播所采用的是超文本链接的方式,互联网用户可以通过搜索关键词的方法很容易地搜寻到自己想要的信息。

2. 传播方式的特点

第一,迅捷性。互联网传播的传播速度快捷,信息来源广泛,制作、发布信息的过程简便。因此,互联网传播可以不受时间、地点的限制,尤其是在进行突发性事件和持续发展的新闻事件的报道时,互联网传播的"刷新"更换功能比传统媒体,尤其是电视媒体的"滚动播出"方式更为进步。

第二,多媒体性。国际互联网从形式上看称得上是一个庞大的多媒体的综合性信息平台。所谓多媒体,就是指"组合两种或两种以上媒体的一种人机交互式信息交流和传播媒体。使用的媒体包括文字、图片、声音、动画和影片,以及程式所提供的互动功能"。传统媒体所依赖的媒介形态大多是单一的,例如报纸依靠的是文字符号,广播依靠的是声音媒介,虽然电视包含了符号、声音和图像,但这些信息都是稍纵即逝的,不能有效保存和反复观看。而互联网传播的超文本链接功能打破了这一限制,这不仅仅有利于人与人之间精神层面交往的升华,也有利于民族、国家、社会之间不同思想的交流,可以看作人类听觉、视觉境界的一次巨大提升。

第三,交互性。所谓交互性,是指互联网传播带来了信息传播方和信息接收方的双向互动传播。自从国际互联网出现后,传统的媒介与公众在信息传播中的地位就在逐渐地变化。尼古拉·尼葛洛庞蒂对这种变化有详细而形象的描述:"数字化会改变大众传播媒体的本质,'推'送比特给人们的过程将一变而为允许大家(或他们的电脑)'拉'出想要的比特的过程。这是一个剧烈的变化,因为以往媒体的整个概念是,通过层层的过滤之后,把信息和娱乐简化为一套'要闻'或'畅销书',再抛给不同的'受众'。"由"推"到"拉"所表现出的不仅仅是一个动作上的变化,更重要的是互联网传播把信息都集合在了一个庞大的"超级信息市场"之中,受众可根据自己的需要来购买、定制信息,甚至完全可以形成一张"我的日报"——受众可以通过技术上的进步将自己选取的信息编辑为一张完全符合自身口味和需求的个性化报纸。

三、互联网传播的主要形态

(一)人际传播

互联网作为一种媒体出现在我们的日常生活中,最初的载体就是"人际传播"。时至今日,互联网上的人际传播仍然非常频繁。人们对网络人际传播的需求要远远大于对互联网大众化传播的需求。人际传播也被称为人际交流。它是一种最直观、最普遍、最丰富的交流方式。人际传播在人类社会化进程中扮演着举足轻重的角色。

电子邮件是一种与传统通信方式相似的人与人之间的交流,但是也有其独有的特征。电子邮件通常要比传统的通讯方式更快速。电子邮件的传播很少会受到地理位置的限制。快速地沟通,其实也会导致沟通的频繁,在某种程度上,它可以帮助建立起一种更为稳固的沟通联系。

1. 个体虚拟与真实相交融的网络形象的建构

网络中的个体形象更加倾向于一个虚假的完美形象,这个形象是个体采用多种方式建构的。他人的评价和自我认知是形象建构的两大基础。在交流活动中人们关注交流对象对他们的评价,正向的反馈会带来心理上的愉悦,负向的反馈会造成个人认知不协调。人们更注重的是负向反馈,因为负向反馈会引起人们认知的不协调,个体就会陷入急于解决这种矛盾的状态。在交流对象的反馈的基础上,人们根据自己的情况通过改变表达方式、转换表达语气等手段对自己在交流过程中展现的形象进行调整,推动交流活动进一步开展。人们在交流活动中所展示的形象是一种千人千面的状态,面对不同的交流对象会展示出不同的形象。

2. 多样的个体传播交流方式

在网络人际传播活动中双方进行传播交流的方式是多样的。社交媒体多样的功能是人们利用多种方式进行信息传递的基础。文字在传递具体信息时有着得天独厚的优势，但是要求人们有一定的识字能力。语音、语音通话、视频通话等方式很好地弥补了这一缺陷，对不善于用文字进行交流的人们十分友好。人们在交流的过程中除了运用这些方式进行信息的传递之外还会借助表情和表情包来增加趣味性，促进双方开展进一步的交流活动。多样的传播方式让信息更好地在双方之间传递，有利于提高传者与受众之间的交流效果。人们也更倾向于运用组合的传播方式开展传播交流活动，这是网络人际传播活动中很常见的一种现象。

3. 摆脱时空对人际传播的束缚

网络技术的发展和移动手机的大范围普及，为人们展开网络人际传播活动提供了技术基础，网络人际传播活动是技术发展的产物。基于移动手机网络和社交媒体的网络人际传播活动已经摆脱了空间对交流活动的束缚，双方可以随时随地展开交流。除了发文字、语音、图片等外，人们也可以通过视频等方式面对面地进行沟通。聊天记录功能也帮助人们摆脱了时间对交流活动的限制，即使不在同一个时间段，双方也可以展开交流活动。社交媒体也扩大了人际传播活动中传播对象的选择范围，传播交流对象的选择范围更加广泛，不再局限于当下所生活的环境而是覆盖全国各地。

（二）群体传播

在网络社区中，其成员的身份是公开的。由于匿名能够避免由于某种言论而产生的惩罚结果，所以它会导致传播的活跃。但是，匿名也不可避免地会被一些人恶意地利用。会员选择以公开或匿名的方式进行交流，涉及许多因素，这些因素相互影响，使得信息交流的形势变得更为复杂。

互联网也许会在原来的团体中改变领袖的位置，让那些本来只是一般的人成为领袖。有些学者相信，沟通的信息量是决定团体领导力的一个重要因素。通常，最积极沟通资讯的人，便是团体的领导者。这一特点在网上的表现更为明显。一般而言，发言频繁、见解清晰、语言幽默、言论丰富的会员更有可能获得广泛的关注。所以，这种人在沟通的核心位置上，更有可能成为领导者。

在传统的群体传播中，群体的压力常常会对群体中的个体造成很大的影响。但在网络社会中，群体的压力不会随时随地产生。这主要是由于许多网络团体都是一个虚拟团体，他们对个人的实际生活没有什么影响，因此，一个成员若有反对意见，可以大胆地表示，而不用害怕结果，最糟糕的结果就是，他们被迫脱离团体。当然，如果一个人对这个团体有很高的认同，那么这个团体对他来说是非常重要的，他有时候会采取从众的办法来保护自己，以免被逐出这个团体。

随着全球一体化进程的加快及麦克卢汉"地球村"的隐喻逐渐变为现实，人类的交往较之以往更为深入紧密，尤其在超文本链接技术发明后，人们可加入各类在线社区或离线群组，从而保持一种隐形的通信或形成一种潜在的联系。社会化媒体的出现，也即Web2.0时代的到来，宣告了罗杰斯"关系理论最终将得到广泛的理解和接受，关系传播学派也将得到应有的重视"的预言成为现实。"Web2.0最核心的特征便在于它释放了一种结构性的社会需要，重构了社会、互联网以及个人之间的关系。"当前，各种层出不穷的在线服务为人与人、人与物的在线连接提供了无尽可能，交互式、即时性的双向连接也将原来隐形和潜在的联系凸显，关系迅速演变为一种宝贵的可见性资源。尤其是当媒介的时空二维偏向趋于平衡时，原有时空秩序被打破和重构，散落在世界各处的人们能够在同一时间与他人共处于同一信息场，从而为大规模的聚合提供了可能性，从根本上推动了新的关系实践。由此，传播学的研究重点从内容研究转向关系研究，而以社交媒体为主要传播媒介的互联网群体传播，也被归为以人为中心的关系传播。关系偏向在互联网群体传播中的突出体现有其深刻的历史和现实原因。

首先，互联网尤其是社交媒体出现的初衷是建立关系，而建立关系最主要的就是通过分享而进行的互动合作。正如《社交媒体简史：从莎草纸到互联网》一书所言，在社交媒体所建构的人类生存语境中，就像灵长类动物通过相互梳毛来获得信息以确保安全一样，人类生来也在交往中分享信息，且在分享中实现交往，因此人的大脑是社会性的，分享是本能的，"我们的大脑就是为了建立社交关系网而生成的"。尽管个人经验的私密性和个体意识的相互隔绝不可能使人与人之间达到一种"天使般的交流"，但作为社会关系中的人一生都在渴望交流。建立关系是人类与生俱来的社交需求。古希腊神话中，宙斯和诸神为削弱人的力量，将原本是球体形状的人劈为两半，因此人生来都只是半个人，毕生都在寻找与自己相合的另一半，交流也就成为人与生俱来的永恒夙愿。无论是早期语言和文字符号的出现，还是报纸、广播、电视等大众媒体的发明与运用，无外乎都是为寻求与他人、社会之间的联系与交流。在经历了web1.0时代的互联网商业主义后，随着web2.0时代的到来，对于交流与合作的诉求，以及有关自由分享的精神在21世纪初重新燃起。自主性、参与性、合作性等文化功能的承诺，使得社会化媒体早期的使用者对未来充满信心,也激发了更多的个体对于创建平台的努力,维基百科、博客等都是这一理想的典型代表。

其次,当前互联网中集合行为的常态化要求对传播中关系的维度予以重视。集合行为又被译作集群行为、集聚行为或聚合行为、集体行为,与常态化的群体行为相对,是社会学、心理学、社会心理学等关注的重要领域。这种行为方式发生在一些特殊的情境中,并不受通常的行为规范所指导,是自发的、无组织的、无结构的。集合行为的发生有其特定的条件,在传播学研究领域,郭庆光在《传播学教程》中将其归纳为三个:结构性压力、触发性事件,正常的社会传播系统功能减弱,非常态的传播机制活跃化。随着社会生产力的发展,尤其是在移动互联网及社交媒体出现后,这三个条件得以经常性具备,集合行为的发生也就成为一种常态化的社会存在。一是转型期的我国社会处在一种维克多·特纳所说的阈限性的结构状态中,各种关系胶着,社会焦虑、社会冲突、行业无序竞争等现象涌现,原有的社会结构模式动摇,新的结构形式正在形成;二是在新型物理空间的互联网平台上,信息的快速集聚和传播使各种突发性事件变得多发,人们被随处可见的各种事件或议题裹挟;三是以往以大众传播为主导的传播系统遭到瓦解,大众传播、组织传播、群体传播、人际传播四种传播形态得以共处于互联网所营构的传播环境中,而以信源不确定性为主要传播特征的群体传播机制活跃,带来了流言等现象的频发。这种非常态行为的常态化即互联网群体传播,当前已来到了一个"人人都能发声,传播无处不在"的群体传播时代。需强调的是,互联网群体传播作为一种常态化的社会存在,不仅仅指基于事件或议题的无序的群体扩散,同时也包含了在这种扩散的表层之下的散落在日常生活中有规则的群体传播,其共同构筑起了互联网时代的群体传播模式。因此,互联网群体传播是"通过多元信息生产者的关系连接而形成的网络传播,是社会关系的网络重铸,抑或说是互联网重构了人们的社会关系"。在这样一种新的传播范式之下,社会关系、文化关系、人际关系都得以重组,个体的存在方式和日常生活意义凸显,成为重要的时代命题。存在于其中的个体不再是大众传播时代原子式的个体,而是时时刻刻处在媒介介入后形成的关系连续体中的个体,在这一意义层面上,个体人际关系的变化与社会关系的变化形成了一种同构,且反过来又对媒介的特性及传播的偏向产生不同程度的影响。

（三）大众传播

所谓大众传播,就是指由专业化媒体机构利用先进的通信技术与工业技术,面向广大民众,进行大规模的信息生产与传播活动。毫无疑问,互联网是一种大众传媒。

随着第三次科技革命的不断进步,网络在信息传播中所占的地位逐渐提高,甚至成为当今社会的主导,改变了传统的传播方式,大众也成为传播的主力军。

每一个人都成为信息的创造者和传播者,"自媒体"也就应运而生。"自媒体"真实地反映出了信息的无限性和传播速度之快。用现在很流行的新媒体"抖音"应用程序举例,其中最明显的变化就是用户,从一开始的普通老百姓变成各大品牌方。面对新形势,传统媒体若要更好地发展就必须顺势而为,紧紧抓住机遇,紧跟媒体发展潮流,从而实现突破与创新,呈现出旺盛的生命力。例如《新闻联播》《人民日报》、新华社都纷纷创建了属于自己的官方抖音账号,抖音的粉丝量也逐渐上涨到亿万级别,甚至比平时观看电视直播的观众都多。这些官方账号,每天都会录制紧跟时事的短视频,仅仅几分钟的时间就可以传播全球各地发生的奇闻趣事,有时甚至一改《新闻联播》荧幕前严肃且端庄的样子,录制十分接地气的短视频,这也让观众认识到了不一样的新闻主播。官方都纷纷利用起新媒体来拉近与受众的距离,相较于传统的信息传播模式,短视频承载的信息量更大,传播的信息更加通俗易懂,这种快餐式的社交体验极大地迎合了受众的需求。

新媒体时代的来临使得大众传播有了创新发展的温床,但同时也会不断地衍生出网络环境下信息传播的问题与漏洞,这就需要媒体工作者们树立正确的价值观,发挥自己的媒体素养,为大众传播营造一个和谐、稳定的发展空间。

第三节　移动数字媒体传播的内容形态

一、手机报

手机报是一种依靠移动媒体的报纸,是由移动通信厂商与网络经营者共同建立的资讯交流平台。使用者可以透过移动电话了解当日的新闻。因此,手机报被称为"拇指媒体",它的传播首先得益于在第三次技术革命中使用了电子计算机。其本质是将电信增值服务与传统媒介融合在一起,将报纸移植到彩信手机中。准确地说,就是利用无线技术,将传统媒体的新闻信息传输到彩信手机上。这样就可以实现短信新闻、彩图、动漫、WAP等功能。

第五章 新媒体时代国际传播的内容形态

手机报的出现，使得企业、个人或政府单位纷纷创办自己的手机报，发送政务手机报、企业内刊、行业手机报、客户手机报等，已经成为短信之后的又一新媒体，是企业客户关系处理/企业内部沟通/广告传播的一种新途径。手机报在创办网络版和建立网站后，已成为一种新兴的媒介，它是报纸发展新媒介的一种独特的途径。手机报的特性如下。

（一）移动性和便携性

随着人们的生活节奏和生活习惯的改变，人们已经不能每天都把时间花在报纸和电视上，而手机报的开通正好适应了这一变化，它可以让新闻摆脱时空限制，无论你在什么地方，只要你的手机有网络，那么打开手机，你就能随时看新闻和各种信息。信息在任何时间、任何地点都能被传递，新闻变得"触手可及"。

（二）即时互动性

手机报具有即时交互性，具有广泛性和人性化的双重特征。在移动通信平台上，信息的传递是一种双向的、交互的。使用者不但能收到信息，还能传送信息，使用者收到彩信后，可以即时对信息内容做出即时的评论，也能透过手机将自己所知的信息，传送至编辑平台。

（三）内容表现形式的丰富性

手机报的表现形式多种多样，当前我国手机报的主要形式是彩信版与 WAP 版。彩信手机报具有多媒体特性，能融合多种传播样式，它在传输过程中能够使终端用户收到 50K 的多媒体数据包，包含图片、文字、声音、动画等，可涵盖 4 开 8 版报纸的全部内容。因此，手机报提供给读者的是一份包括报头、版次、标题、导读、照片甚至广告的原汁原味的"报纸"，图文并茂，丰富生动，有新闻图片，有视频片段，提供新闻、体育、娱乐、文化、生活、财经等诸多方面的信息资讯。而 WAP 版则相当于一个掌上电脑，只要接通网络，新闻尽在"掌"握。此外还有可听的语音版等。

（四）到达率高，信息渠道噪声系数小

移动电话采用点对点的方式，使得手机的信息到达率接近 100%。信息通道具有较低的噪声系数，易于实现迅速、高效的传播。

（五）采编方式的改变

手机报的内容来源比较广泛，可以是纸质媒体、网站、通讯社。目前我国手机报的运行通常采用合作的方式获得合法的新闻资讯。新闻内容的提供和向手机实用终端发送这两大部分是脱离的。新媒体与电信运营商合作的方式不同于传统的媒体。传统媒体不仅提供新闻内容也负责传播新闻内容。他们通常都有自己的采编队伍和发行队伍，在新闻内容的获取上主要依靠自身的采编人员，在内容的发行上也依靠自己的发行队伍。

（六）即时发送，即时阅读

当前的彩信报纸通常分为两期，即晨报和晚报。与报纸上的常规发行相似。不过，传统报纸媒体虽然也会发行晨报、晚报，但在时效性、便捷性方面比不上手机报。WAP版移动报纸具有较好的时效性，其内容更新方便，易于操作。WAP版本的手机报在遇到紧急情况的时候可以及时发送。

二、智能手机

近几年，智能手机市场已步入快速发展时期，已逐渐成为广大市民，尤其是青年人获取信息、融入社会的主要途径。随着性能的提升，智能手机的市场份额将会有很大的提升。

作为一种媒体，智能手机的优势非常突出。具体有以下几种表现。

（一）便携性

随着科技的进步，智能手机越来越轻巧、美观，且易于携带、使用方便，能够满足用户随时随地接收信息的需求。

（二）多媒体化

当前主流配置的智能手机大多采用4寸以上的TFT彩色屏幕，分辨率高，色彩还原逼真。配备立体声设备的智能手机，声音表现力好，配合耳机的使用，效果更加理想；通常五百万像素以上的摄像头能够拍摄静态图片和有声视频。图片浏览器支持JPEG、GIF、BMP、PNG等格式的图片，视音频播放器可播放MP3、AMR、WAV、MIDI等常见格式的音视频文件。强大的多媒体功能使智能手机可以便捷地记录、接收、播放以及发送多媒体信息资源。

第五章　新媒体时代国际传播的内容形态

（三）语音通讯功能

智能手机的手机功能主要是 PDA（个人数字助理）、PPC（掌上型个人电脑）等移动设备所缺乏的，它能够为用户提供实时的语音服务，方便了网民们的沟通。

（四）信息处理

智能手机拥有强大的信息处理功能，能够对文件进行编辑、接收、传送、阅读等，也可以收发短信、彩信以及电子邮件。

（五）网络通信

智能手机最大的优点就是支持互联网通信。它包含了 PIM（个人信息管理）、日程安排、任务安排、多媒体应用、网页浏览等功能。在即时消息上，腾讯QQ、微软 MSN 等手机版本都能提供即时消息。在无线网络连接上，可以通过红外线或者蓝牙技术将计算机和其他手机连接起来。由于网络通信的互动性，使用智能手机进行学习的学习者能够方便地获得和共享信息，并能够随时随地与他人进行沟通。

（六）灵活扩展

除了机身上的内存设备，智能手机通常都会支持使用存储卡，增加记忆容量。软件扩充更是智能手机的魅力，经过持续的努力，智能手机已经具备了相当丰富的软件资源。

所有智能手机都具有以下五大特点。

第一，具备无线接入互联网的能力。

第二，具有 PDA 的功能。包括 PIM、日程安排、任务安排、多媒体应用、网页浏览。

第三，具有开放的操作系统。拥有独立的核心处理器（CPU）和内存，可以安装更多的应用程序，使智能手机的功能得到无限扩展。

第四，人性化。可以根据个人需要扩展机器功能。根据个人需要，实时扩展机器内置功能。

第五，功能强大。扩展性能强，支持多个第三方软件。

新媒体时代的国际传播研究

三、平板电脑

平板电脑是一个小型的、便于携带的个人计算机，它的基础输入装置是触摸屏。其采用的触摸屏技术（也称为数位板技术），使得使用者可以使用触摸笔或数码笔完成工作。大部分的平板电脑都支持手指操作。

用户可以通过内建的手写辨识、屏幕上的虚拟键盘、语音辨识或者一个真正的键盘（如果该机型配备的话）对平板电脑进行操作。平板电脑还拥有让用户通过触控笔来打字的快速输入软件。多数平板电脑使用 Wacom 数字板，该数字板能快速地将触控笔的位置"告诉"电脑。使用这种数字板的平板电脑会在其屏幕表面产生一个微弱的磁场，该磁场只能和触控笔内的设备发生作用。所以用户可以放心地将手放到屏幕上，因为只有触控笔才会影响到屏幕。

很多人都以为，平板电脑是一款游戏媒介，其实它不是。美国是媒体发展最快的地方，智能手机和平板电脑成了人们收听新闻的重要媒介。皮尤研究中心于 2012 年 3 月发表了一份关于美国新闻媒体现状的年度报告，显示美国传媒正在向移动时代迈进。这是目前美国媒体行业最引人注目的发展方向，而平板电脑正是其中一个很重要的选择。苹果公司的创始人史蒂夫·乔布斯去世的消息，美国人大多是通过移动电话或者平板得到的，而不是报纸、电视，甚至桌上的电脑。

智能手机和平板电脑的普及，为大众提供了更多的信息渠道。皮尤研究中心的一项调查显示，在美国，70%的桌面或手提电脑的使用者都会频繁地阅读新闻，51%的智能手机使用者会用手机阅读新闻，把看新闻作为主要使用目的之一的平板电脑用户比率为 56%。平板电脑正充当人们上网获取新闻的补充和非替代性选择，这对传统媒体来说无疑是一个好消息。

四、数字化阅读工具

人类文明的进程中，文字的出现到手写方式的广泛流传经历了 4300 年，又经过 1500 年才出现了活字印刷术，再经过 524 年出现了互联网，而从互联网诞生到各种搜索引擎出现才历时 17 年。逐渐缩小的时间段跨度说明，电子媒介以其特有的优势快速并成功跻身于这场媒介变革的战役中，数字化阅读自此登上历史舞台。

数字化阅读是一个泛指的集成词，是相对于传统纸质阅读的媒介阅读的统称。虽然近几年才开始出现这个名词，但传播度较广。本研究将其界定为"利用数字化平台或移动终端获取和传递多种形式媒体信息的认知过程"。随着阅读终端的发展,数字化阅读衍生出了更多分支,例如"平板阅读""云阅读"等。

随着网络内容的日益丰富,智能手机的普及、电子阅读器的普及,电信运营商、数字媒体机构等都在大力发展数字内容,各类数字读物相继出现,并以更快的速度进入人们的日常生活中。在这些数字阅读群体中,有八成以上是18到40岁的阅读群体。

五、车载电视和客户端

(一) 车载电视

车载电视在我国城市中的应用越来越广泛。为便于安装,目前已研制出各种类型的车载电视,如台式车载电视、挡板式车载电视、顶吸式车载电视。

目前车载电视普遍采用车载液晶电视。车载液晶电视顾名思义,就是采用液晶屏(LCD)作为显示载体的车载电视。相对传统的CRT车载电视,车载液晶电视有着非常明显的技术优势。随着2008年LCD屏的价格持续走低,目前车载液晶电视已经完全取代了传统的CRT车载电视。

车载液晶电视主要具有以下一些突出特点:体积小、重量轻、低耗电、无闪烁、不失真。选择车载液晶电视前,应先了解一些基本的参数指标。

(二) 客户端APP

对于"什么是新媒体",提法林林总总,缺乏有效的归整、有效的串联和有效的尺度。而以智能手机和个人电脑为平台的APP(Application Program,即客户端应用程序)的开发和普及应用,似乎为这种尺度的建立提供了可能。一方面,APP为人们进入各种媒体内容设立了统一入口(如微博、网络电视),并在不同平台上实现了内容的有效对接,达成了某种一致性和规整性;另一方面,随着其自身的发展与进化,APP逐渐呈现出强大的生命力与难以阻挡的发展势头。

相较于个人电脑的出现,APP确立了一种互动的尺度,打破了时间和空间的线性结构,从而确立了一种新的人与媒介的互动关系。APP在电脑上通过双击的方式进入,在智能手机上大多通过触摸方式进入,它所建立的这种特定的互动关系和内容获取方式的最迷人之处在于将以前出现的各种媒体形态进行了统一整合,设定了一种统一的标准,或者说设定了一种统一的"进入界面"。无论是电视、报纸、广播还是Facebook、Twitter、人人网、新浪微博、腾讯微博都可以变身为APP,用户不必再输入特定网址,也不必调到特定频道,瞬间的点击和回应带来了不同以往的信息获取模式，简化了获取信息的路径，强化了专业化服务，有助于固化受众的习惯，推动了新媒体收费模式的普及。

作为基于电脑和手机开发的客户端技术，APP 带来了一种新的塑造力和整合力，它不再只是承载内容的一个入口或通道，它本身就是内容，与载体不可分离。如果说视觉化是对世界的等值复制，那么 APP 所做的努力，就是将原版复制的世界进行再压缩和凝聚。作为一种策略，相比视觉化的把握而言，APP 是一次更深刻的推进，其"凝聚—点击—释放"的设计原理、高级简约的编程逻辑，符合新媒体时代的效率和技术主义主张。而其简单的操作方式，更是有助于大范围的普及，从而带来点击行为或触摸行为的泛化。

APP 并非对视觉化策略的否定，而是另辟蹊径，借助程序语言对世界进行二度编码。从结果来看，APP 有助于人们理解日常生活的谱系、理顺认识世界的途径、获得简洁的想象和理解。

第四节　互动电视传播的内容形态

一、移动技术支持下的电视媒体发展历程

（一）初步普及阶段

第一代移动通信技术（1G）于 1973 年诞生，1980 年盛行，1987 年正式在我国商用。1973 年 4 月，马丁库帕——摩托罗拉公司的工程师成功发明了手机，标志着人类敲开了全民通信时代的大门。此次事件是移动通信的开端，自此 1G 时代正式开启。1G 时代的盛行基于 1978 年美国贝尔试验室 AMPS 系统的成功研发——蜂窝无线电话系统，它的传播载体是模拟信号。1983 年，AMPS 系统正式在美国芝加哥投入商用，随后欧洲一些国家也开始建立 1G 通信系统。1987年 11 月 18 日，中国的 1G 通信系统在广东第六届全运会上正式开通并商用。

1G 的技术核心是 FDMA，我国主要采用英国 TACS 制式，通过不同频率的信道来实现用户之间的通信。1G 技术以语音为中心，主要模拟语音业务，安全性差、容量低、涵盖范围小。由于传播信号易受干扰，1G 的语音通话质量不是很高。当时，1G 功能有限且价格昂贵，仅能服务于一些政府机构及国家军事等市场。1987 年 11 月，我国电信公司开始运营 1G，2001 年 12 月，我国移动公司

第五章 新媒体时代国际传播的内容形态

彻底关闭 1G，1G 在我国共运行了 14 年，普及用户量最高达 660 万。

在 1G 技术刚刚起步的同时期，电视媒体的发展已经处于初步探索的后期阶段。1979 年，我国广电事业的发展开始起步，在 1983 至 1986 年得到普及，并在 1986 年至 20 世纪 90 年代初形成了全国电视广播网。在电视媒体的普及阶段，1G 技术还没有得到商用。1985 年 8 月，中央电视台借助卫星传送节目，自此我国电视媒体通过单一微波传送的局面得到改变，并形成了立体传播网络——地上微波、天上卫星和地下电缆的相互结合。这一阶段，受众更多地从广播转向电视这一新型媒体。但是这时我国电视媒体与通信技术的融合程度还很低，1G 技术没有过多引起电视媒体的注意。

（二）黄金发展阶段

第二代移动通信技术（2G）于 1992 年开始投入使用，1995 年正式在我国商用。1992 年世界上第一个 GSM 在芬兰投入使用，借助这一全球移动通信系统，第二代移动通信技术（2G）得以出现。2G 技术由模拟信号技术转向数字信号技术，从小众客户向大众客户扩张，同时具备更大的系统容量以及更强的保密性、安全性和抗干扰能力。1995 年，我国步入 2G 时代，运行了将近十年时间，发展用户近 3 亿人次。

2G 主要采用时分多址（TDMA），以数字语音传输技术为核心，能简单接收电子邮件或网页信息，也可提供低速的数据网络服务和语音通讯功能。它具备客户与设备分离、通信安全可靠以及成本低等优势。2G 时代，人们开始上网，能够简单浏览文本。2G 技术下声音传播质量、数字传输服务、信息传播速度都较佳。这时人们已经开始接触互联网，可以用手机完成基本的上网业务。在当时，作为第一款可以支持无线应用通信协议的手机——诺基亚迅速抢占了中国市场，撼动了摩托罗拉的地位。20 世纪 80 年代，计算机技术日益成熟，强大的互联网得以催生。到 20 世纪 90 年代后期，2G 市场变得成熟与饱和，2G 开始向 3G 过渡，2.5G、2.75G 技术研发也相继出现，它们具备低比特率的优势，能够提供基础的数据服务，并在 3G 时代得到强化和应用。

这一阶段，移动通信技术开始与电视媒体融合，虽然影响力仍然十分有限，但也取得了一些新的突破。传统广播电视台开始试水互联网传播技术，与 2G 技术结合摸索，开创了一些视频网站、官方微博等，将此作为电视媒体发展的辅助和延伸手段。此时电视在原有的传媒格局中仍保持着绝对优势地位，技术的作用力仍不突出。到 1998 年底，我国各级电台的总数达到 2216 台，电视机共有 5

新媒体时代的国际传播研究

亿多台,有线电视用户超过了7000万户,基于这样的数据,我们不难发现,当时中国已经开始成为广播电视大国。2004年,数字电视的推广工作开始,我国电视行业迈向数字化时代。2007年,高清电视全面铺开。小米和乐视入局OTT,开始通过互联网向用户提供服务。当时有线电视使用人数达2.1亿,数字电视的用户达1.4亿,双向用户共2160万,交互式网络电视用户2485万,OTT用户2610万。到了2015年,电视增加至200+个频道,全新的交互操作模式,使更多的年轻用户回到电视,并带来了更稳定的传输效果,运营商也从媒体传送者转为媒体经营者。

(三)发展、隐忧并存阶段

第三代移动通信技术(3G)于20世纪90年代初出现,并于2009年正式投入市场。从2000年初,服务供应商就开始使用3G技术,苹果公司于2007年推出了其首款iPhone,从而促进了通讯的发展。苹果在2008年推出了能够提供3G网络的iPhone3G。2009年1月7日,中国电信CDMA2000、中国移动TD-SCDMA、中国联通WCDMA三大运营商相继获得3G牌照。

3G主要以码分多址(CDMA)为技术特征,能够达到高频谱利用率,支持高速率数据传输,是一种蜂窝移动通信技术。3G网络下的速率得到了大幅度提升,已经达到14.4Mbps,主要在数据容量和音画质量上进行突破,可以处理更加丰富的多媒体形式,能够满足多媒体业务需求,并提供多种信息服务,比如视频、音乐、高质量图像、游戏等,用户可以利用3G技术实现电话会议、网页信息浏览等。3G到4G的发展中间还有3.5G、3.75G的跨越。3.5G的主要技术为HSDPA,是基于WCDMA的技术加固和延伸。由于上传速度有限,3.75G提升为HSUPA技术。

这一阶段,电视媒体取得了新进展。由标清画质到高清画质、由模拟信号到数字信号、由线性单向传播到互动双向传播,共同推进电视媒体的融合发展。在这样的发展背景下,电视台的节目制作流程也得到了优化,通过无线网络、有线通信或者卫星技术完成对节目信息的接收、制作和传输。而且卫星技术持续完善,数字技术持续突破,使得我国初步形成新型广电传播形态,即星网结合。2001年,中央广播电视台率先实现数字化播出,2005年,第一套数字高清频道播出,2009年,中国网络电视台开始创办。同时,国家降低了民营企业的准入门槛,使得民营企业在动画片领域的产出增多,投资比重增加。广电行业的不断改革创新,大大提升了营收效益。电视媒体的发展水平趋于稳定。但此时受到技

术力量的影响，新媒体的发展开始对传统电视产生冲击，传统电视媒体的弊端显露，隐忧出现，受众也更多地从传统电视媒体转向新媒体领域。

（四）调整转型阶段

第四代移动通信技术（4G）在 2013 年 12 月 4 日正式商用。4G 以正交频分多址（OFDMA）技术为核心，能够快速地传输文件、数据、视音频等，并能兼顾语音容量和音频质量，为用户提供良好体验。其中用户峰值速率为 100Mbps—1Gbps。4G 时代，移动技术基本上满足了用户的所有无线需求，可以提供更高质量的语音通话、更高清晰度的视频图像、更多样化的视听体验。4G 时代，中国移动凭借丰富的 130M 频谱资源、覆盖密度更大的基站取得了丰厚的营收效益，在三大运营商中处于绝对的优势地位。2018 年，中国移动营收约 7368 亿，中国联通约 2909 亿，中国电信约 3771 亿，移动的营收约为联通与电信的总和。

这一阶段，4G 技术对电视媒体行业造成了冲击，4G 时代涌现的各种新媒体丰富多样，优势突出，迫使电视媒体进行转型。4G 时代的主要特征就是便捷智能、交互性强、灵活多元等，凭借移动媒体对 HDR 画面的支持，传统电视媒体用户大量涌向新媒体，受众开始急剧减少。在 4G 商用的第一年，互联网用户就得到了大规模扩张，当时已经达到 2.47 亿人次。同时 4G 的快速发展使用户能够随时随地上传下载和分享传播，这使得传统电视媒体的发展在受到严重威胁的同时监管难度也进一步加大，电视媒体的转型迫在眉睫。

因此传统电视媒体开始谋求转型之路，借助 4G 技术加快融媒体建设，向融合化、高清化、数字化、智能化转型。2017 年，广电总局创办了央视新闻网。2018 年，中央电视台正式开播了第一套超高清 4K 频道。并且在 2018 年，广播电视转型发展小有突破。广播电视网络覆盖率以及有线电视数字化率大幅提升，互联网电视用户以及节目内容量均有长足发展。格兰研究数据显示，2018 年全国各级广播电台的播出机构共有 2647 个，有线广播电视用户 2.18 亿户，占比 49%。数字电视用户在有线广播电视用户中的占比达到 92.3%，共 2.01 亿户。全国电视节目的综合使用用户达到 99.25%，接近全面覆盖。在 5G 商用的前一年，即 2018 年，网络电视媒体视听行业的发展更加迅猛。全国公共电视节目播出时间高达 1925.0 万小时，网络视听的用户注册量高达 65.7 亿个，播放总次数约为 2.7 万亿次。

（五）当下发展阶段

5G 移动通信以 5G 网络时代为依托与标准，所谓 5G，就是指第五代移动电话行动通信标准，其主要为我们带来了第五代的移动通信。就某种意义而言，5G 网络相较于 4G，有更强的延展性，能够为人们带来更加舒适的使用体验。而且，由于 5G 通信十分可靠，其能够有效提高人们使用移动通信的满意度与安全感，并且满足了一些用户高速传输的要求。5G 网络主要有两个场景分类：其一为互联网，其二为移动互联网。当前 5G 网络不仅对人们的日常生活影响巨大，而且对各个行业的影响都是不可忽视的，甚至影响到了国家之间的关系。

在 5G 与电视媒体的融合发展之路上，中央媒体积极先行、地方媒体加快步伐、手机企业跨界入局，都是电视媒体发展过程中强有力的实践。

首先，中央媒体积极先行。中央广播电视总台一直在积极布局 5G 媒体，发展智慧广电，不断进行探索和实践。5G+4K+AI 战略布局是广电总局的发展新角度，并在多个重要报道中进行了实践。2018 年底，中国广电、华为公司以及三大运营商合力建设了 5G 新媒体平台和媒体应用实验室，这是我国首个国家级的 5G 融合平台。中央媒体积极对 5G 时代下的视频发展和创新进行布局，推动技术落地。2019 年在两会期间完成了 4K 超高清节目实播。利用 5G 回传的 4K 信号制作新闻节目以及优质纪录片、精品电视剧等节目内容，充分展示了"5G+4K"的集成制作成果模式。《广播电视技术迭代实施方案（2020—2022 年）》提出，推动广电 5G 建设与有线电视一体化，着力构建泛在、安全、高速、智慧的新型有线电视网络，推动资源整合，共通共建共享。2021 年到来后，有线电视行业也更加明确了目标，坚决推进"全国一网"整合工作。与此同时，为推动广电 5G 的规模化部署，中国广电与中国移动签订合作发展协议，正式共建共享 5G700MHz 网络，最终构成国家重要战略目标的一环。而 5G700MHz 作为中国广电和中国移动共建共享的黄金频段，凭借超强的覆盖能力、绕射能力以及穿透性，将成为 5G 建设的核心着力点。而且中国广电在 5G 网络上的投资很有优势，这也为其在 5G 时代的发展带来了便利。2019 年，中国移动投资 172 亿元，中国电信投资约 90 亿元，中国联通的投资数额在 60～80 亿元。与这三大运营商相比，广电总局拥有技术资源优势，不需要投资过多，便能在全国建立起 5G 网络。中国广电的 5G 网络也与三大运营商的有所不同，它具备高起点的优势，这能够促进 5G 时代智慧广电服务的快速发展。

其次，地方媒体加快步伐。地方媒体也加快了与 5G 结合的创新步伐，继续打造可持续发展之路。2020 年新冠肺炎疫情暴发之际湖北率先启用广电 5G。2020 年 2 月 2 日，湖北广电利用 5G 技术直播了湖北省抗疫新闻发布会的召开，通过 5G 传输满足对远程会诊、远程指挥以及远程手术的需求，这是广电媒体利用 5G 技术对抗疫情的首次全球实践，以综艺节目为重心的湖南广电也宣布，旗下的部分 IP 将进行 5G 技术的创新和融入，在用户观看此档综艺节目时，通过 AR、VR 等新技术使用户产生不一样的视听体验，甚至可以做到与节目嘉宾面对面的线上交互。湖南广电"新内容＝新拍摄＋新制作＋新观看"的新模式也带来了有效借鉴。赵睿、喻国明也谈到，湖南广电利用 5G 进行布局，如若取得成功，将为其培育出新的发展空间和亿元级别的新型市场。除此之外，安徽广电也积极先行，与通信公司展开 5G 布局，联手打造集超高清视频、智慧广电、智慧旅游为一体的融合发展新格局。通过地方媒体的创新先行案例，可以看出广电媒体行业在 5G 时代如果能够抓好整合与融合契机，客观审视自身目前在运营管理方面存在的短板，提前启动发展规划，传统媒体行业也是可以另辟蹊径的。作为国内地方卫视的主力军，湖南卫视的广告收入和市场效益相对十分可观。在 2016 年，湖南卫视营收高达 110 亿元。2017 年，营收下降为 80 亿元。2018 年，开始回升，将近 90 亿元。当时作为传统电视媒体，湖南卫视是唯一一个以两位数增长的传统媒体。湖南卫视对局势判断十分敏锐，2018 年，旗下的芒果 TV 成立创新研究院；2019 年与上海科技大学合作，致力于 5G 领域新技术的研发。湖南广电和芒果 TV 在同年再一次提前进行启动和部署：2019 年 5 月 9 日，在"5G+VR 应用赋能"高峰论坛上，芒果 TV 阐述了湖南广电在 SG 时代的发展思路和规划。2019 年 5 月 18 日，"2019 湖南 IPTV 广场舞大赛"正式启动，湖南广电大举进军 5G 时代。地方广电在 5G 时代先行布局、主动出击，效果虽然有待考究，但是其反应灵敏、积极实践，值得同行深思。

最后，手机企业跨界入局。5G 时代，电视不再是单一的媒介和产品，而是与智能手机、智能家居共生共有，智能手机企业的跨界入局也逐渐成为新趋势。

二、电视节目的主要内容分类

（一）科普类电视节目

"科普"字样的记录最早出现在法文中，即"science populaire"，源于 1866 年法文刊物《科普画报》中的记载。英文字样的"科普"最早出现于 1872 年尤曼斯创办的《科普月刊》中，即"popular science"，此后"popular science"就成了常用的表达方式，中文中的"科普"就是由此翻译而来。《现代汉语词典》将"科普"定义为，"普及科学知识"。根据《科学技术普及法》可以将科普概念理解为，"为提高公众的科学素质水平"，运用"能让公众理解、接受的方式"开展的"传播科学知识、思想、技术、方法"的活动。在《广播电视辞典》中，按照节目功能划分了节目类型，科普类电视节目的主要功能就是传播科学知识、思想、技术和方法。《电视摄像艺术》强调科普电视节目必须真实可信，不能虚构。

结合科普的定义和节目的功能类型划分，可以将科普类电视节目界定为，为了提高公众的科学文化素质水平，运用电视媒体技术传播和普及科学知识、科学思想、科学技术和科学方法的一类非虚构的电视节目。

科普类电视节目的首要目的是普及科学知识，节目中的内容和策略的选取均需要保证科学性。比如，选题要科学合理，主持人的科学用语要规范，保证节目的专业性，适当邀请各个领域的专家学者担任嘉宾，提升节目的理论高度。另外，在保证科学性的前提下，节目也要采取各种策略增强节目的娱乐性，比如，邀请网络红人担任节目嘉宾，增强节目看点，让科普类电视节目不再是枯燥的讲述，由此才能创造出科学性、娱乐性俱佳的优秀科普类电视节目。

科普类电视节目应该重视受众的属性，在节目制作之前要弄清楚该节目面向的受众群体是哪些，各种受众群体具有怎样的属性特点。儿童、青少年、老人、农民、城镇劳动者、科技工作者分别是不同的受众群体，有不同的科普需求，尽可能传播符合受众使用需求的知识，尽可能满足受众的好奇心。因此，在推动全民科普的同时，还要加强精准科普的实施。

随着网络技术的发展，数字化、智能化时代已经来临，科普类电视节目在改善自身传播策略的同时，也开发了微信同名游戏竞猜小程序、公众号、官方微博，方便用户通过手机移动端获取和传播信息。

（二）健康类电视节目

健康类电视节目，原本是公共电视的一种形式。此类节目播出时间较为固定，节目通过电视画面及语言，向广大受众传播健康知识与卫生理念，从而培养和提升广大受众对健康知识的正确认知与准确把握能力，帮助受众树立正确积极的健康观念。我国的健康类电视节目种类繁多，涵盖省级卫视、市级频道以及少部分县级频道。

我国健康类电视节目最早出现于 20 世纪 60 年代，以中央电视台自主创办的《医学顾问》栏目为起点，随后又陆续推出《卫生与健康》《卫生常识》等节目。20 世纪 90 年代，随着人们健康意识的不断增强和提高，中央电视台推出《健康之路》节目，首次采用邀请健康专家共同讲解健康问题的形式，节目的影响力可观。1998 年中央电视台推出《中华医药》栏目，作为一档大型栏目，《中华医药》

内容多样，影响力广泛，是中央电视台开设的唯一一档面向海内外传播中医药文化的健康类节目。节目定位倾向于海外市场，旨在为国内国外的观众提供及时、有效、专业的医学知识。

随后，各大省级卫视纷纷推出主打健康话题的栏目，健康类电视节目呈现出欣欣向荣的发展态势。"健康"风潮逐渐从各大省级卫视扩展至市级频道，再逐层扩展至县级频道，结合本土化的资源优势，都取得了不错的收视效果。

北京卫视的《养生堂》节目一经推出，便轰动一时，且长盛不衰，成为北京卫视的品牌节目，创造了良好的收视率。随着大众健康意识的增强以及健康传播研究的不断推进，在此之后健康类电视节目的数量不断激增。

健康传播的诞生具有一定的社会历史性，是在特定的阶段应运而生的。它主要是利用不同的媒介和渠道来传播医学领域内大众较少接触的健康内容，从而转变受众对待健康的态度，提高全民的健康素养水平。健康类电视节目作为大众了解与接受健康知识与信息的形式之一，深刻影响着大众对于健康知识的认知、态度。尤其在突发公共卫生事件当中，健康知识的传达显得尤为关键。此时健康类电视节目纷纷转变健康传播策略，以迎合当下的受众需求。

（三）民生类电视节目

从最初电视民生节目的出现，到后来的百花齐放、遍地开花，再到如今新媒体环境下电视民生节目回归平淡，中间经历了不过几十年的时间。融媒体时代，各类新兴事物层出不穷，短平快、新稀奇的事物更容易吸引受众的眼球。作为常规的、平铺直叙的内容形式，电视民生节目对于受众的吸引度有所下降，但是民生问题向来是我们国家所重点关注的问题，也应是新闻媒体着重报道的新闻类型。所以，尽管新兴事物层出迭现，融媒体的发展如火如荼，电视民生新闻仍然是不该被抛弃的且应重点关注的节目，同时，为满足新时代的新要求，电视民生节目势必会做出新改进、新发展。

总体来看，融媒体时代电视民生节目的现状可以归结为两点，一是内容泛滥化以及收视下降，二是新环境下的创新试探。

首先，内容泛滥化以及收视下降是客观的事实现状。在内容的泛滥化方面孙炜峰指出，电视民生新闻节目在初期以"平民化""在地化"的特点迅速出圈，鸡毛蒜皮、鸡零狗碎、鸡飞狗跳的"三鸡新闻"内容快速蔓延，但是这类内容并不能维持电视民生节目长远的发展，在发展过程中，涉及百姓切身利益的社会问题的报道变得更加普遍。注意力竞争逻辑下，传统的标准化电视越来越不符合时代发展潮流，逐渐败下阵来。电视新闻的传播现状包括三点：观念比较传统、传播方式单一以及单向传播。

其次，进行新环境下的创新探索是诸多电视民生节目的现状。为尽可能地避免这种负面效果、积极应对融媒体时代的诸多挑战，各电视民生新闻节目均做出了一定的努力和改进。其共同特征包括：首先是各方媒体的调用，大部分电视民生新闻节目都开设了官方微博账号、微信公众平台账号、短视频账号等，实现新媒体的充分利用，做到多方位播报；其次是报道重点的改进，从原来的"东家长、西家短"渐渐地向普遍的社会问题过渡，实现新闻价值的体现；最后是互动性的提高，除传统的观众来信、观众热线等，各电视民生新闻节目还积极开设观众留言、评论等互动区，实现双向甚至多向交流。

新媒体的发展必定会更加成熟和深入，融媒体时代也会在未来的日子里持续且日渐成熟，电视民生节目在融媒体时代的创新传播是一条长远的路，需要紧跟时代特点和要求进行不断的更新和创新，唯有不断进步，才能跟上时代潮流、跟上时代的脚步，将自己立于不败之地。

（四）娱乐类综艺节目

近十年来，我国综艺市场百花齐放，娱乐类综艺节目你方唱罢我登场，数目多得令观众眼花缭乱。娱乐综艺竞争白热化，充分彰显了影视行业的繁荣气象。但令人遗憾的是，自东方卫视引进英国版权的《中国达人秀》（2010年首播）后取得了良好反响，国内综艺界便掀起了一股版权引进热潮。一时间，版权归属美、日、韩等国的娱乐类综艺节目在中国遍地开花，高话题度的娱乐类综艺节目均是引进作品，这反映出我国影视行业生产创新能力严重不足的问题。除此之外，在"高收视率"的利益驱使下，市场上出现了一批以低俗、恶俗为噱头，过分炒作明星私生活，宣传错误价值观，收视率造假的节目，不仅破坏了我国影视行业的生态秩序，而且对青少年的身心健康带来了负面影响。

面对市场乱象，国家积极开展调控工作，出台文艺创作管理方案，指明文艺创作方向。调控手段之一是加强对娱乐类综艺节目的管理，出台"限娱令""加强版限娱令""限真令"等政策严格限制娱乐类综艺节目的播出时间、播出数量、节目形式和嘉宾人选等。调控手段之二是大力扶持和鼓励原创文化类电视节目的创作，为文化类节目的创新发展营造良好的环境。

马斯洛需求层次理论提出大众在生理、安全等低层次需求得到满足后，会追求更高层面的精神满足。自1978年改革开放以来，我国在经济、科技等领域取得了前所未有的突出成就。伴随着物质生活从温饱迈向全面小康，大众的教育水平和文化素养不断提高，价值观念和思维方式也在不断更新，其对精神产品的需求也与日俱增。

电视的发明深刻地改变了人类的信息传播方式以及生活方式。从黑白到彩色，从模拟到数字，电视的制作技术不断提高，节目也愈发丰富多样。

三、互动电视传播的特点

（一）互动化

互动即交互，在浅层次上表现为满足观众对于电视节目的个性化需求，在深层次上则体现为观众主体地位的确立。电视的传播方式经历了从广播到窄播，再从分众化的窄播到个性化的互动和点播的发展过程，互动电视是实现这种传播方式从共性到个性转换的典型范例。互动电视提供的互动平台将观众引入"扁平化"的传播模式之中，既缩短了信息传播渠道，也让观众摆脱了"你播我看"的被动地位，观众通过掌握并使用上传技术，不仅拥有了对节目的主导权，而且成为一个有话语权的信息发布主体。互动化的理念不仅使得电视传播的思维方式由传统的线性方式全面转到非线性方式上来，而且它对于传统电视单一传播语境界限的消解，使得同域或异域文化圈中的不同文化交流远远超出了以往任何一类传播文化形态。

（二）数字化

数字技术的发展已渗透到各行各业，并已成为支撑一切媒介发展的基本准则。内容数字化是指通过数字高科技和信息技术将图像、文字、语音等内容综合应用。互动式电视是一种将动态图像、声音、数据进行数字压缩、编码、传输，供观众接收的一种视听设备。数字技术的发展，既为电视媒介的资源整合提供了平台，也为各种类型的电视形式、经营模式、经营方式等提供了条件。

第六章　新媒体时代国际传播人才的培养

随着新媒体在国际范围内的广泛应用,国际社会对国际传播人才的需求也不断增加,本章分为国际传播人才的培养目标、国际传播人才的基本素质、国际传播人才队伍建设的对策三部分。

第一节　国际传播人才的培养目标

一、国际传播人才的培养目标的由来

(一)媒体融合需要复合型新闻传播人才

1. 媒体招聘岗位的多样化

传统媒体单位除需要记者、编辑等人才外,对"新媒体运营""新媒体产品制作""全媒体采编"等岗位的需求也逐渐增大,符合媒介融合的需求特点。相比传统媒体的岗位需求,新媒体的岗位需求更加多样化。除了"内容编辑""内容运营"外,"数据运营""用户体验运营"也是当今招聘的主要需求。另外,字节跳动还设有机器人研发中心、用户体验研究专员等岗位。虽然这些岗位并不是直接对新闻传播类人才的需求,但是这些岗位的设置可以反映出媒体的智能化发展趋势。

2. 对专业和外语的需求

在这些招聘信息中,与岗位最匹配的专业是新闻传播学类和中文类专业,营销管理学、法律专业、思想政治学、历史学、经济学、统计学、计算机学等也是出现频率很高的专业。新闻媒体的工作是对知识掌握宽度要求比较高的工作,因

此媒体工作者除了需要精通新闻传播类专业知识外,还需要了解其他专业领域的知识。

无论是什么岗位,外语能力越来越成为媒体用人的硬核标准,2020届新华社校园招聘要求应聘人员的大学英语六级达到500分以上或专业四级水平。新浪的国际全媒体编辑岗位要求应聘者需精通英语。

3. 对学历和作品的需求

针对应届生来说,媒体单位对应聘者拥有"作品"的要求较高。部分媒体单位要求应聘者把自己的作品或已发表作品的链接发送至企业邮箱。这其实也是一种对应聘者的实践能力有较高要求的体现。现在大部分媒体的招聘流程为简历筛选—笔试—初试—复试—实习,从这些词汇可看出媒体单位会对应聘人才进行反复考核和筛选。

4. 对媒介技术的需求

技术的不断进步与发展促进了媒介形态的多样化发展,与新闻生产相关的新软件也开始层现迭出。各媒体中几乎所有的招聘岗位都对应聘者的技术能力提出了要求。PPT、AI、PS、PR、H5是高频出现的技能关键词。能够熟练运用Office办公软件,精通Excel,精通H5制作工具在招聘信息中多次出现。相比于过去,媒体对技术的使用更加专业,从业者除了掌握软件基础的操作之外,还须具备数据抓取和分析方面的能力,以及进行可视化呈现的能力。

5. 对职业素质和性格的需求

大部分岗位都提出要求"有创意""逻辑清晰""有责任心"等职业素质的需求。"良好的审美"一词在摄影记者和音视频编辑岗位要求中被多次提出。几乎所有的岗位都有对沟通能力、团队协作精神和合作能力的要求。另外,"抗压性强""能熬夜""吃苦耐劳"也是众多媒体的需求。在对应聘者性格的需求方面,"乐观""开朗"是最高频的关键词。"热爱新闻传播事业"几乎是每个岗位对应聘者的职业态度的需求。新闻工作是经常需要风吹日晒和熬夜的工作,长期做这份工作,需要应聘者有积极乐观的态度、良好的身体状况和心理状况。

6. 其他需求

除了以上提到的一些需求外,个别传统媒体还提出对应聘者政治面貌的需求,如《长江日报》在招聘信息中标明应聘者的年龄不得超过28周岁,这表明我国媒体单位对人才的需求偏年轻化,媒体队伍的年轻化也有助于保持企业单位

的活力。

(二) 国际传播需要具有国际视野的新闻传播人才

目前大多数的国际新闻主要还是源自几个西方通讯社，我国在国际话语权和传播力方面依然不是很乐观。这表明，与发达国家的国际传播力相比，我国仍显不足。

只有补齐这块短板才能提高我国参与外交事务的主动权，那么如何补齐这块短板呢？最重要的是需要有一批专业的、高水平的国际传播人才，让中国站在更高的世界舞台。我国高等院校的新闻学院需要根据自身的情况和特点，扬长避短，培养具有爱国情怀和国际视野的国际传播人才。

另外，我国一直提倡"文化走出去"，将中华文化散播出去，同时也要学习其他民族的优秀传统文化，那么在与别国进行交往的时候最大的障碍首先是语言，这就要求新闻传播人才的外语水平要达标；其次是文化，想要传播优秀文化、汲取优秀文化，需要建立在掌握、了解中外文化的基础之上。最后就是技术，人工智能时代智能技术越来越多地应用在媒体行业，只有不断提高技术水平，才能将中国形象以更丰富的形式呈现出来。

(三) 社会全息化需要智媒型新闻传播人才

人才竞争是媒体竞争的核心，以人为本是媒体发展应当遵循的原则。社会全息化的发展不仅给传媒行业带来了一些改变，同时也推动着新闻传播教育的改革。

目前，培养坚持正确舆论导向，善用多终端、多平台的全媒型新闻传播人才，是对内做好舆论引导、对外讲好中国故事的重要保障。

技术的发展催生了多种多样的新闻形态，除了最基础的文字稿件之外，图片、短视频等元素成为新闻的重要表现形式，利用大数据做动图、漫画等更能抓住受众的注意力。这就要求新闻工作者必须掌握相关的媒体技术。

另外，媒体融合环境下，单纯只会播报或者只会采编是不够的，需要的是集采编播于一体的、能立足于多平台的全媒型新闻传播人才。

无论是过去的传统媒体还是各类新媒体，优质的内容都是最核心、最重要的。新闻院校要将立德树人根本任务与脚力、眼力、脑力、笔力的基本功锤炼以及对新技术的学习、理解、运用有机结合，做到思想教育、专业教育与新媒体技能的学习与精进同向同行。尤其在拿起手机就可以了解天下事的信息时代，更要培养学生"有调查才有发言权"的新闻意识，鼓励学生深入基层、扎实调研，善于运用技术优势，做合格的智媒型新闻传播人才。

二、国际传播人才的培养目标的内容

（一）培养国际传播复合型人才

当今国际新闻传播秩序的不平衡、不自由、不公正，正在促使那些受损害的国家加强自身的国际传播能力建设。国际传播能力的提高重点要靠人，人才建设是关键。

懂语言、精通传播艺术，既懂得本国文化，又对世界文化理解深刻的国际传播人才在中国屈指可数，这是目前文化软实力建设的重大障碍。时代对我们的国际传播人才培养提出的主要要求是，培养一批与国际传播发展相接轨的、适应新媒体特征的复合型新闻人才。依据传统观点，由于新闻传播都是本国家或地区内的事情，由于各国历史、国情、文化和利益均不同，各国的新闻报道规则都有彼此的差别，但公认的规则和价值理念已经形成，如尊重生命、自由、正义与公平、互相尊重、关怀、诚实等。

培养具有国际交流能力的复合型人才，是提高我国对外交流能力的关键。

当前主要培养的复合型人才主要有以下几种。

第一种是跨媒体的数字传播人才。科技的不断进步影响着新闻传媒业的改革，同时也是促进高校新闻传播人才培养转型的重要因素。互联网的发展是数字传播格局形成的技术基础，时间和空间不再是交流沟通的障碍，使世界真正变成一个由网络编织并连接在一起的"地球村"。为应对媒介环境的变化，新闻传播者的队伍也在不断扩大，过去的培养理念和培养方案已不再适应如今的媒介环境。为适应新的社会形态，应以数字传播为主要观念、原则进行教学体系重构，造就跨媒体型数字传播人才。

第二种是跨专业的专家型人才。现在有很多媒体单位反映，相较于其他专业的学生，纯新闻专业的学生在步入工作时上手较快，但是一旦涉及专业领域的新闻报道时，他们的专业知识的匮乏就会影响新闻报道的专业性和准确性。尤其是面对一些经济或者科技类等专业要求较高的报道时，需要记者掌握一些相关学科的专业术语和知识。习近平总书记在党的新闻舆论工作座谈会上强调，媒体竞争关键是人才竞争，媒体的核心优势是人才优势，并要求新闻舆论工作者"努力成为全媒型、专家型人才"。以打破专业壁垒为主要措施进行培养方案的重构，造就跨专业的专家型人才。

第三种是跨文化的国际型人才。"人类命运共同体"和"一带一路"倡议的提出和实行需要精通外语的国际型传播人才的支撑。但是仅仅是了解语言、会说外语还不够,对"懂文化"的需求也在增长。古代丝绸之路的开通始于汉武帝派张骞到西部地区,在那里他对沿途的风俗习惯进行了调查和了解。如今的"一带一路"建设更要重视与其他国家文化的融合,优先培育能通晓中外文化的"跨文化人才",为增强国际话语权奠定文化基础,促进中国梦与世界梦的相通。以全面提升新闻专业人才的国际化视野为目标,造就跨文化的国际型人才。

(二)重视人才战略规划和培训

要建立覆盖全球的新闻网络和传播渠道,必须培育一支专业的、具有国际化视野的新闻传播队伍。只有这样,才能在重大国际事件的报道上表明我们的立场,才能掌握主动权。努力造就一支专业的人才队伍,为开创国际传播工作新局面提供有力保障。

我们正处在大发展大变革的时代,有许多新情况需要去探索,有许多新领域需要去熟悉,有许多新知识需要去掌握,对国际传播工作者的政治素养、知识结构、精神状态和工作本领提出了新的更高的要求。必须把队伍建设作为一项重要的战略工程,拓宽选拔视野,加强教育培训,注重实践锻炼,把调动体制内人才的积极性与发挥体制外人才的作用结合起来,努力建设一支适应形势发展要求的专业的国际传播队伍。下大力气培养和造就一批有扎实的跨文化传播功底,有理论深度、内通国情、外知世界,外文基础扎实的专业化国际传播人才。

加强人才队伍建设,努力造就一支高素质的国际传播工作者队伍。要加大人才尤其是中青年骨干人才的培养力度,采取多种措施,培养造就一批德艺双馨、深受人民群众喜爱的名记者、名编辑、名播音员、名主持人、名制片人,一批精通传播业务、通晓外语、对国际问题特别是驻在国情况有深入研究的外向型记者,一批熟悉党和国家方针政策、懂经营管理的复合型人才,一批掌握最新传播技术的专业技术人才,为建设国际一流媒体提供强有力的人才保障。随着中国国力的增强,国家对国际传播事业的支持力度也越来越大,在"硬件"方面越来越先进,但是人才问题是国际传播事业发展过程中亟须解决的问题。在人才方面,中央电视台提出了"新世纪人才工程"。把培养人才,培养适应对外宣传的人才作为央视的发展战略,即"人才强台,人才兴台"战略。央视有一个"1131"工程,采取的做法就是加大人才培养力度,为适应全球媒体竞争的新形势以及建设国际强台聚集人才,即从2006年到2010年,在"十一五"期间,培养100名具有现代管理能力的优秀中、高层管理人才，100名熟悉市场运作规律的优秀经营管理人才，300名精通电视技术的优秀专业技术人才和1000名国内一流的编辑、记者和播音员、主持人，并打造一批知名的品牌播音员、主持人，及名记者、名编辑，也就是要拥有一批具有国际大台管理能力的管理专家、经营专家和技术专家，建设一支高素质的创新型专业队伍。

第二节 国际传播人才的基本素质

一、国际传播人才要德才兼备

德即德行，不仅仅包括个人的道德品质，更涵盖着个人对国家的深厚情感；才指一个人的本领和才干，知识和技能是才的主要内容。高尚的道德素质、浓厚的爱国情感、扎实的知识技能是德才兼备的重要体现，是大学生成长为时代新人的主要目标。

（一）高尚的道德素质

一个社会文明程度的高低，除了受全体国民文化素质的影响，也与全体国民的道德素质息息相关。从"德才兼备""德学兼备""以德为先"这些词语中可以看出"德"在中华文化中所处的地位，以及在人所应具备的素质中的重要地位。"德"是衡量人才的重要标准，大学生作为社会主义现代化建设的预备力量，其道德素质的高低直接决定着未来社会的文明程度，习近平总书记曾指出，学生要脚踏实地，在修好品德上下功夫，变成有"爱"、有"德"、有"情怀"的人。大学生要立德修身、完善人格，培养良好的道德素质。同时，既要能做到"坐而论"，更要能做得到"起而行"，要进行道德实践，如此，才能拥有高尚的道德品质，才能在国际传播中弘扬正能量。

（二）浓厚的爱国情怀

只有拥有了浓厚的爱国情怀，才能更好地在国际传播中弘扬中华优秀文化。"爱国主义是中华民族精神的核心……激励着一代又一代的中华儿女为祖国发展繁荣而不懈奋斗。"一代代先辈们在爱国主义精神的激励和指引下，在国家遭遇危难的时候坚持集体利益大于个人利益的原则，为我们创造了现在这个温饱不

新媒体时代的国际传播研究

愁、国泰民安、平安喜乐的和平年代。

有国才有家，"我和我的祖国一刻也不能分割"，历史与现实证明，个体的前途命运始终与国家的前途和民族的命运紧密相连。爱国情怀是每一个国人的标配情怀，其就像是一个开关，打开它，我们就能被激活，能意识到自己接下来该往哪里走。未来，潮流奔涌，作为立足于潮头的"后浪"，大学生应厚植家国情怀，弘扬爱国主义精神，既要将小我、祖国和人民区别开来，也要将三者联系起来，这种区别更多体现在要明确小我的责任与大我的未来发展目标，这种联系更多体现为如何在实现小我的过程中兼顾甚至尽全力推动大我的实现。即永不割裂个人的理想奋斗与党和人民的共同奋斗之间的关系，既不否定个人奋斗的自我价值，也不否定个人奋斗的社会价值，自觉将爱国情、强国志、报国行融入生活中，落实到具体实践行动中，与党同心、与人民同心，爱祖国，护祖国。让自己青春的脸庞和热血的年华不仅因为实现了自我理想而愈加灿烂和美好，也因为为国家和人民的未来进行顽强努力而呈现出更加绚丽的光彩，进而在这个机会众多、挑战剧增的时代做敢于冲锋、不怕艰险的时代奔跑者。

（三）扎实的知识技能

社会越是发展，其对人才的需求就越大，人才越多，社会的发展进步也就更加有条件和动力，这两者是相互成就、相互促进的关系。21世纪比以往任何世纪都更加需要人才，而知识和技能毫无疑问是人才之所以成为人才的必备要素。知识水平的高低、本领扎实与否直接关系着大学生能否胜任工作、能否在所属岗位上做出成绩、能否在助力中国梦成真的过程中实现个人价值和社会价值。互联网时代带来了很多机遇和挑战，"心浮气躁，朝三暮四，学一门丢一门，干一行弃一行，无论为学还是创业，都是最忌讳的"，大学阶段是苦练本领、增长才干的黄金时期。大学生要抓住这个契机，以只争朝夕的紧迫感，心无旁骛地学习知识和技能，不断提升自身的理论水平、工作本领，扎实掌握社会发展所需的专业知识技能，从而切实提高解决实际问题的水平，成为用知识实现梦想、用知识指导实践的才能者，更好地适应新时代的新要求，迎接新时代的新挑战。同时，大学生要多学多问、敏于求知，善于探索、乐于发现，保持追求真理、持续学习的热情，专心追求知识和技能的提升，在未来的人生征途中，努力打造一个更加"硬核"的自我，将知识转化为能力和智慧运用到传播工作中，争做引领未来的时代新人。

二、国际传播人才要专业过硬

国际传播人才是国际传媒竞争的核心人才，也是国家间竞争的关键人才。那么，什么样的人才是国际传播人才？国际传播人才又应当具备哪些基本素质呢？

虽然不同类型的国际传播人才具有不同的素质特点和要求，但国际传播人才的核心素质是不变的，主要包括以下四个方面。

（一）出色的语言能力

如今的国际传播呈现跨国界、跨语言以及跨文化的特征，各国在经济全球化背景下频频调整国际传播战略，不惜倾举国之经济实力以迎合经济全球化语境，从而最大化赢得国际话语权。在我国，"用国际语言传达中国声音"这一国际传播意识也早已确立。国际传播人才需要具有扎实的外语基本功和娴熟的语言运用能力，应该熟悉不同语言习惯、社会文化、风土人情等诸多语境因素对语言使用所带来的影响。只有具备这样的语言基础，才能增强传播内容的亲和力与感染力，体现一个媒体或国家的文化品质和整体形象。

（二）精湛的专业技能

在当前竞争异常激烈的传媒环境中，媒体的专业化、现代化、集约化水平都进一步提高，优秀的国际传播人才应当是与时俱进的拥有精湛专业技能的精英。

新闻采编人才应该具备过硬的新闻技能与素养，它包括高度的新闻敏感性、独立的采访能力以及成熟的新闻写作和编辑能力；经营管理人才应当对传媒与商业的关系有着深刻的理解，具备专业的营销水平和手段，善于配置和整合资源、打造品牌核心竞争力，使采编人员生产的产品更广泛地占领国际新闻信息市场。更高层次的经营人才还应富有创新精神，能够灵活运用资本和市场手段，引导媒介之间进行合作，实现传媒规模化和集约化发展；新媒体人才应善于进行新媒体技术的创新与探索，充分开发互联网、手机等新兴媒介平台的作用，掌握网络舆论引导主动权，为进一步提高国际传播能力提供坚实的硬件基础和技术支撑。

（三）跨文化沟通的技巧

国际传播会受到很多因素的干扰，语言、文化、制度和价值观的不同都会给传播带来多重折扣和损耗。克服语言的折扣更多是一种技术性的要求，但是跨越文化的障碍则是深层次的要求。国际传播的理想状态应该是超越文化的差异性，在文化传统之间寻求某种"重叠共识",而这需要传播人员具备较高的文化修养,需要他们"两头贴近",既贴近中国发展的实际、中国文化和国情的特点,又要具备国际视野,通晓国际规则,对国外受众的文化背景、思维习惯、风俗特点、历史沿革有动态的了解,熟悉他们的信息价值取向和判断标准,研究他们的信息需求和审美习惯,这样才能保证我们的信息采集、生产、营销、推广这一系列的传播活动能够顺利开展。

(四)现代的国际传播观念

在国际形势更为复杂、传媒生态深刻变化的当下,国际传播观念也应该随着环境的变化而不断发展更新。过去,我国媒体对国际传播理念的认识还比较空泛,对国际舆论场的了解也比较零散和片面,传播的内容缺少贴近性和针对性,所持的立场过于直白和生硬,传播的手段过于单一和陈旧,这样就造成了国际传播中的外宣色彩浓厚,传受双方疏离,误解曲解丛生,反而无法取得理想的传播效果。如今,在新的形势下,我们的国际传播人才必须全方位更新思维,扭转"以我为主""以宣传为主""以澄清为主"的固有模式,树立现代的国际传播观念。首先,要抛弃"代言人""官方发言人"的心态,从国际受众的立场出发,充分尊重和准确掌握国际受众的信息需求;其次,要改变刻板的传播方式,用客观生动、幽默风趣的话语方式来传达信息,既讲成绩,也讲问题,避免以"正面宣传为主";最后,要有充分的自信心和独立的思辨能力,敢于主动发声引导舆论,具有放眼世界、纵论天下的气度和胸怀。

三、国际传播人才要知行合一

(一)坚定的理想信念

理想不是对现实的否定,而是人们在现实基础上,对于未来与现实之间应该存在何种进步以及应该出现多大程度进步的一种美好的希望和追求。一方面,有了理想并不意味着不起身去做事就可以摘得星星和月亮,即理想的实现并非轻而易举的,而是需要具备一定的条件。另一方面,理想的存在确实会使一些人明确奋斗目标,选择努力方向,也拥有了替身自身的内在动力。有了理想,前行的方向才会更加明晰,有了信念,才能不逃避甚至努力克服前行路上的每种困难。综观当前对时代新人内涵的归纳,虽然表述各有不同,但基本上都包含着理想信念,并且理想信念往往在时代新人所应具备的具体素质中处于首位,起着统领作

第六章 新媒体时代国际传播人才的培养

用。青年人的理想与信念越是远大和坚定，民族和国家在前进过程中就愈加有动力，大学生只有坚定马克思主义信仰和"四个自信"，增强共产主义终将实现的信念，才能在面对困难与挑战时重整旗鼓、奋勇向前，不断向着既定目标奋勇前进，克难制胜。

（二）开阔的视野眼界

年轻一代的创新意识是国家发展的动力源泉，大学生是国家的未来，开阔的视野眼界是其培养发散思维、创新思维方式的重要前提之一。经济全球化背景下，人类命运同处于一个体系当中，中国与世界是不容分割的一体。新时代大学生拥有无限激情与活力，不仅要做承续历史精华的积淀深厚之人，更要做放眼全球的视野广阔之人；不仅要做具有浓厚家国情怀之人，也要做具有国际视野的大格局之人。具体来说就是要主动了解世界不同民族的文化，同时要将中国与世界联系起来，不仅关心国家的发展、民族的前途，也关心世界局势的变化和人类的命运。

（三）强烈的责任担当

每一代人有每一代人的长征路，每一代人都要走好自己的长征路。今天，我们这一代人的长征，就是要实现"两个一百年"奋斗目标、实现中华民族伟大复兴的中国梦。人是社会人，每一个社会人都应该也必须承担责任，无论这个责任是大是小，无论自己愿意与否，责任感是检验大学生思想政治素质、道德品质和人格修养的重要标尺，一个具备责任感的人一定是更加愿意以积极进取的人生态度生活的人。光辉历史的书写不能缺席青年一代的"责任与担当"，只有胸怀强烈的责任感和使命感，大学生为实现中国梦而添砖加瓦的担当意识和奉献精神才会被感召出来。

国际传播人才是家庭的一分子，是社会的成员，也是国家的公民，在家庭生活中其应该要有责任感，在社会进步过程中也应该抱有责任感，在国家发展中更应该树立责任意识。大学生要提升思想、提高站位，在更全面、更广阔的格局中审视个体与国家之间的关系，明确自身使命，定位个人发展，自觉地把个人前途命运与中国梦紧密相连，锤炼敢于担起重任的能力，不困于旧日，也不惧将来。无论今后身处何方，从事何种职业，都要做有担当的时代新人。

（四）顽强的拼搏奋进精神

习近平总书记曾在诸多讲话中提到"奋进者""搏击者"等，强调的都是拼搏奋进的精神，"要在培养奋斗精神上下功夫，教育引导学生树立高远志向，培养敢于担当、不懈奋斗的精神，具有勇于奋斗的精神状态、乐观向上的人生态度，做到刚健有为、自强不息"。

知是行之始，行是知之成。青春将奋斗作为底色才最亮丽，在推进社会主义事业建设的过程中，各种风险与挑战频频，国际传播人才要发扬"志不求易者成，事不避难者进"的进取精神。新时代的国际传播人才，在五四火炬的照耀下，不能空谈也不能仅仅喊口号，不能浮躁也不能随波逐流，同时不能只做理论上的苦学者，还要扎根大地，做脚踏实地的奋进者和实践者，要注重知行合一。有了理想、学问和才干还远远不够，社会主义实践告诉我们不实干就只能是空想，大学生要敢于创新，敢于做别人不敢做的事，否则，理想始终是理想，蓝图也始终是蓝图。新时代的国际传播人才要有主动作为的真行动，多参加实践活动，在实践中锻炼自我，锤炼意志，在民族复兴壮丽的实践中一步一个脚印地尽自己所能将每一件事情做好。其实任何一件事情即使是小事，要完全做好也不能忽视"用心"在具体实践中的作用，一些事情看似很简单，但真正在做的过程中往往会有各种问题暴露出来，只有用心才能发现问题和解决问题，所以实践的过程更是不断磨砺自己和提高能力的过程。

第三节　国际传播人才队伍建设的对策

一、国家加强顶层设计

引导大学处理好学府和学术的关系。2016年2月19日，习近平在党的新闻舆论工作座谈会上讲道："各个方面、各个环节都要坚持正确的舆论导向，国家报道也要讲导向"。学术无国界，而学府有国界，国家在中国大学的国际传播力建设中要充分发挥主导作用，加强政策上的引导，使大学在国际传播时有正确的政治站位。国际化战略成功的起点是正确的目标和定位，而合理的布局和切实可行的政策是成功的关键。为了适应高等教育国际化的潮流，国家已经提出了创建世界一流大学的目标。当前大多数学校都将"国际"知名作为大学的发展定位，争当"双一流"建设高校,但是想要达到这一目标,除了制定目标,还要积极行动。

在目前的调查中可以看到,我国大学的国际传播力建设处于自发和被动状态,学校之间的国际传播力建设相差甚远,清华大学和北京大学等我国顶尖学府在国际传播力方面的建设与世界顶级大学存在差距,其余未列入世界一流高校名单的学校就更为势弱。国家应当统筹规划大学的国际传播工作,强强联手,强弱搭班,或是设立第三方平台服务大学国际传播信息出海,这样才能集中优势,形成有影响力的信息洪流,减少学校这样单打独斗造成的损耗。要加强顶层设计,优化资源配置,整合各方力量,精心布局谋划,建立高校联盟,共同将数量优势变为质量优势。

二、创新人才招生与选拔机制

(一)本科生招生与选拔

过去我国僵化的招生考试体制,严重束缚了人才教育事业的发展,《国务院关于深化考试招生制度改革的实施意见》的发布,一定程度上放开了人才招生录取工作,赋予了高校更大程度的人才选拔自主权。同时高中学生综合素质档案的建立,有助于引导学生更加注重社会责任感、实践能力和创新精神的培养,也为高校选拔特长生提供了参考依据。未来或可按专业录取,这将有利于高校录取到真正有志于科技传播的学生。

高考制度改革后,我国高校本科学生的来源将主要分为两部分,一部分是经过高考的普通高中学生,还有一部分将来自高等高专院校。前者文化功底深厚,文化课学习能力强,后者动手操作能力强,两者各有所长,从科技传播教育来看,两者都是急需的人才类型。就前者而言,在人才招生和选拔机制上,目前主要是自主招生模式,鉴于科技传播既需要学生具备扎实的科技理论功底,又要具有深厚的科学文化素养,高校科技传播专业在自主招生时,可以优先录取文理科成绩较为均衡、社会责任感强烈和实践能力突出的优秀高中学生。就后者而言,主要面向广播电视学院和传媒学院等高职高专院校毕业生,经过考试和面试选拔实践能力突出、学习能力强和具备创新意识的学生。创新科技传播人才招生和选拔机制,联合报刊、网站和科普场馆等有关机构,进行短期实习和评估,从源头上发掘适于科技传播的潜在优秀人才。

（二）研究生招生与选拔

研究生阶段的招生大体上也分为两种，一种是全职在校培养，一种是在职人员培训。总的来说，研究生阶段的人才招生和选拔工作，高校的自主权相对更大，有利于高校选拔到真正适于科技传播的人才。对于全职在校学生的招生和选拔工作，首先可以根据需要，适度调整笔试和面试环节的分数构成比例，笔试环节可以适度加大对应用知识能力的考察，面试环节可以适度将学生本科阶段的社会实践、社团经历等纳入考核范围，并逐步标准化和规范化。同样地，也可以联合有关单位，进行短期实习和评估，最终选拔出综合素质突出的优秀人才。对于在职人员的招生和选拔工作，应注重对学习和创新能力的考察，笔试环节注重相关知识的考察，面试环节综合考虑其行业从业经历等。

三、借鉴传播学媒介育人理论

（一）议程设置理论

从传统媒体时代的报纸头版、广播头条到如今网络时代各大平台的热搜榜，这些方式一直在影响受众的信息选择。快手、抖音等短视频平台的"热搜榜"、首页推送等都与传统媒介的头版头条有异曲同工之处，都是媒介通过提供特定信息、事先设置信息发布先后顺序等来影响受众议题和引导舆论的手段。用户看到什么内容并不完全由自己决定，而是平台通过制定相关的议程，并根据这些议程进行安排和设置，将它不想让用户看到的内容隐藏起来，将它想让用户看到的内容呈现出来，进而左右人们关注某些事件和发表某些意见。一些短视频用户或许认为自己浏览何种内容完全是自己主动选择的结果，但只要用户通过某一平台接触信息，那么无论哪种内容的呈现归根到底都是由平台制定的议程而决定的。

大学生是具有独立意识的人，教育者在育人过程中并不是绝对的权威。因此，在时代新人培养过程中，教育者并不能直接强硬要求和完全控制大学生在头脑中形成正确的思想和健康的观念，以及摒弃和远离错误的思想观念，这不现实也不科学，但教育者能通过施加特定的教育内容来决定大学生所接收的内容的性质好坏。在具体内容的选择上，除了课本中的知识，教育者也可以选择更多有益的教育内容，尤其是将与现实生活密切相关的内容渗透在课堂教学中。比如在遇到重大历史纪念日时，教育者应深度思考对课堂中的教育内容应做哪种程度的丰富以及哪些方面的丰富等。教育者在施加教育前，要提前设置讲课的议程，包括教育内容讲解的先后顺序等，对学生施加事先设置的有针对性的教育内容，使学生接受特定的教育，引导学生向社会和国家所需要的方向前进和所要求的预期目标发展。要根据不同年级大学生的特点来设置讲课的程序，根据不同的情况合理安排讲授步骤。比如确定在大学生注意力集中的时候应该讲授何种内容，在注意力分散的时候应该讲授什么内容；哪些内容应进行重点讲解，哪些内容只需点到为止；等等。另外，教育者也应不断通过开展思想政治教育理论课，强化大学生的正确的思想意识。

（二）媒介依赖理论

媒介依赖理论认为社会的人作为媒介的受众，其与媒介之间是依赖关系，认为人不仅可以利用媒介满足自己特定的需求，也可以通过媒介与社会体系产生互动进而满足自身需求，即媒介本身既可以扮演影响者主体的角色，也可以作为桥梁，帮助用户理解和认识社会。每个人受媒介影响的情况不同，但无论通过以上哪一种方式，只要用户通过媒介使自己的需求得到了较高程度的满足，其对媒介的喜爱程度就越深，从而在各种能够通过媒介达成的需求方面就更倾向于首先选择和依赖媒介，逐渐地，其对媒介的频繁使用就会导致其越来越离不开媒介。反之，人对媒介的依赖程度就会越来越低。由此可以看出，媒介对人需求的满足程度与人对媒介的依赖程度呈正相关。如今，媒介依赖是用户沉迷于短视频的重要原因，诸多短视频 APP 依托算法推荐技术提供定制化、个性化的服务，使用户在心理和思想上完全信任短视频，认为其对自己的喜好尤其是观看喜好极度了解。人总是优先习惯接受和喜欢接受与自己有相似性或者认可自己的人和事，这导致很多人常常不自觉地主动陷入虚幻的网络世界中。

在新时代传播人才培养过程中，教育者要充分利用这种"需求—满足—依赖"的循环机制，即通过施加教育，引导学生利用所学知识满足自身合理需求，逐渐唤醒并增强学生从心底生出的对知识的认可与热爱。教育者在课堂中讲授知识的时候，要特别注意将理论与实践结合起来，尤其在讲授基础理论知识之后，要对如何利用这些知识指导具体实践进行细致的讲解，使大学生主动将知识理论内化于心，并产生外化于行的冲动，真正做到学以致用。当大学生发现从课堂上获得的内容更加实用，更能满足自身需求时，其对课堂的热情就会增加，对课堂的依赖感也会增强，教育者与受教育者双方才能更好地双向互动，进而形成一种正向循环。

（三）使用与满足理论

使用与满足理论同媒介依赖理论是一脉相承的。使用与满足理论顾名思义，"使用"会产生"满足"这一结果，媒介的受众在接触和使用媒介时是有目的的，这种目的更多体现为想要实现某种需求，当他们利用媒介资源满足自身需求、达到个人目标后，其对媒介的依赖感会逐渐增强。

课堂是大学生获取知识的重要渠道，教育者在育人过程中，要丰富课堂，使课堂成为收获更多有益内容的重要渠道之一。比如可通过恰当的教育方法和生动的教育内容使大学生的其他合理需求如娱乐需求、表达需求等在课堂中得到满足。相应地，这就对教育者提出了较高的要求，教育者不仅要能及时了解大学生的合理需求有哪些，也要能在不耽误正常的教育教学前提下，不断思考如何通过课堂满足大学生的这些合理需求。

四、重视智能化传媒意识的培养

教育理念是教育实践的引导和基础。重构新闻教育理念是新闻传播人才培养改革的第一步。在智能媒体的环境下，新闻传媒业的工作形式、工作环境及技术设备都在不断革新，这种变革除了要求学生掌握人文学科的知识之外，还应该掌握相关的理科知识，具备数据思维。重视社会责任感的培养，重新建构新闻传播学的教学理念，有助于培养学生的智能化传媒意识。

五、完善课程设置

在人工智能时代，新闻传播学类本科专业的课程设置内容不够与时俱进，高校新闻院系应及时完善课程设置，设置跨学科的课程，增设和人工智能相关的课程，革新课程教材。

（一）大力推动新文科建设

新闻传播学作为新的一级学科专业，整个学科建设过程中吸收容纳了许多学科的知识成果。目前，我国新闻传播学类专业越来越重视跨学科知识的传输。例如，复旦大学"2+2"的培养方案，注重人文科学和自然科学知识的学习；中国人民大学为培养兼具新闻学知识和法学知识的复合型人才成立了"新闻学—法学实验班"。另外，现在有很多高校鼓励新闻传播学类专业的学生选择辅修英语、政治、管理、法律等专业，将其列为培养方案之一。在人工智能洞悉传播环境的背景下，技术在新闻传播过程中的作用越来越重要，这充分证明新闻传播教育要注重文理学科的交叉，推动新文科的建设。

（二）增设和人工智能相关的课程

目前国内部分高校虽然陆续建设了人工智能学院，但是和新闻传播结合的课程还很少。随着人工智能时代的到来，新闻传播学类专业需要调整原有的课程设置体系，在原有的课程设置中加入人工智能的部分。例如，与理工科院系深度合作，促进智能媒体教学体系的改革，增加智媒业务实践课程、交叉理论课程；增设无人机拍摄、可视化新闻报道、VR 新闻报道、数据挖掘、算法机制等和人工智能相关的课程，增加情景教学的比重；培养学生的数据思维，帮助学生了解和学习智媒传播的规律和特点，帮助学生掌握最先进的数字传播技术；深入了解人工智能时代的传播特性，更好地培养学生人机协作的能力，以适应人工智能时代媒体的发展。

（三）着力编撰新教材

"复旦版"新闻传播类教材在全国享有崇高声誉，但是其内容主要集中于传统基础性课程，已不能充分满足新媒体时代的教学需求，另外，现在很多老师的教学内容以 ppt 课件为依托，会出现学生学习的知识不成系统的问题。许多媒介新概念在技术的发展和媒体环境的变化中应运而生，撰写新教材，能够帮助学生更好地了解和掌握相关的理论知识。

六、优化传播学教材内容

随着时代浪潮的不断变迁，我国的历史语境不断变化，文化软实力逐步提升，这种背景下，我国学者对传播学的认识有了新的发展，关于传播学本土化的研究也紧随其后开展了起来。"传播学本土化"这一命题的提出，主要针对引进西方事物时的"批判吸收"的传统，然而事实上，传播学作为"舶来品"，我国缺乏相应的学术与理论基础。刘海龙于 2011 年发表的《传播研究本土化的两个维度》，将本土化背后的深层问题归结为两个方面的张力：普遍与特殊、理论与应用，指出传播研究本土化不应该被局限在单一标准之下，进而提倡多个标准、多种路径的竞争与对话。历经近四十年的引进介绍，我国学者现阶段的传播学研究实质上更应当被看作对西方传播学的多元反思，传播学界对西方传播学的全貌有了广泛的认识与深刻的理解，开始进行争取更大的话语权的尝试，以期在世界传播学学术领域贡献中国力量。因此，传播学教材对推介者和学习者来说都是传播学领域至关重要的图书，在相关教材的编写过程中，应该从各流派广泛取材、展现多重视角。

21世纪以来随着信息技术的普及和自媒体的蓬勃发展，传媒领域迎来了全新的局面，在这种社会背景下，许多大学纷纷建设该专业的教学点，新闻传播学科专业点增长迅速，而问题的核心在于，同一科目的教材质量平平，且大多低水平重复。许多院校都要有自己的教材，教材质量也不能保证统一。同时，高校学术资格评价制度和课堂教学模式也难辞其咎，不仅造成了出版资源的浪费，也使学习者在学习过程中云山雾罩，晕头转向。一个学科的某个领域应该流通多少本同类的教材为宜，关键要看教材的质量。教材作为传授学科基础知识用书，需要质量上乘。在保证内容准确性的基础上，著述传播学教材的学者们完全可以采取个性化的研究视角和叙述风格，学习者则可以通过对不同学者的不同著作的学习掌握学科知识内容，形成自己的专业知识体系框架。

七、大力推广数字媒体技术

当下数字媒体技术在飞速发展，数字媒体技术成了一种新型的传播媒介。数字媒体技术作为一种新型的传播媒介，将图像、声音和文字融为一体。当下，比较常见的有微信、微博等，这些数字媒体技术使得信息传播的速度更快、范围更广、互动性更强，也给新闻传播带来了巨大的变革。当下数字媒体技术对新闻传播有着重要的作用。新闻机构创建官方微信公众号、微博账号，使得新闻信息的搜集和传播更加便利。应用数字媒体技术，使得新闻的传播有了质的发展，当下数字媒体技术在新闻传播中的应用具体包括以下几种。

（一）微信公众号的应用

当下，微信这一交流平台，受到大家的热烈欢迎，随着智能手机的普及，微信使用更加大众化，使用频率也非常高，使用群体数量庞大。新闻借助微信公众号推出以后，浏览量大幅提升，并且新闻传播的速度大大提升，民众可以在第一时间接触到新闻。

（二）微博、微信以及移动终端可视化新闻的应用

这些移动APP通过应用数字媒体技术，将一些新闻以可视化的方式呈现，使得受众可以全方位地了解新闻，人们不再需要逐字阅读文本，只需要通过可视

化的音频、视频来获取新闻，使得新闻传播的效率大大提升。

（三）新闻直播的应用

新闻直播是人民日报中最先出现的新闻传播方式，应用数字媒体技术对新闻进行处理，使新闻能够实现实时传播。此种新闻传播方式大大提升了新闻的传播效率，使得新闻对民众的影响更加广泛。

（四）VR技术的应用

随着互联网以及先进技术的不断发展，数字媒体技术的应用领域也越来越广泛。摄影技术也获得了新的发展，新闻的搜集和传播开始运用全景摄像机，使得新闻传播中呈现的画面更加立体和清晰。VR数字媒体通过全景观式的新闻报道，使得新闻的呈现方式更加生动、形象，甚至可以达到完全重现的效果。

八、加快师资队伍建设改革

人工智能时代的到来，使得高校新闻传播学专业的师资队伍建设问题面临诸多挑战。

（一）聘请业界精英建立本科"双导师"制度

聘请业界的精英走进课堂，可以提高学生对新型传播格局的感知，加深对新媒体环境的了解。近年来，复旦大学新闻专业从新闻传播业界引进了英国《金融时报》副总编辑、FT中文网主编、《南风窗》主编等多位具有丰富的新闻采编和媒介经营管理经验的业界精英，使本专业教师队伍的知识结构更加合理，满足了课堂教学需要。

短期聘请经验丰富的业界人士到校兼职授课，同时进一步丰富专业课程体系，也有助于促进师资力量的多元化发展。在业界资深人士长短期聘请机制上的改革，有利于最大化地丰富教师队伍的实践经验，切实提高学校的实践教学水平。

（二）跨专业组建智媒化课程教师团队

新闻传播人才的培养离不开教师的指导。技术盛行的社会环境下，学院可以通过引进具有理工科背景的教师提高本专业教师队伍的媒介技术水平和素养。另外，各高校还应对原有的新闻传播学科的教师提供参与人工智能技术培训的机会。在条件允许的情况下，定期邀请国外一流新闻传播学界和业界专家担任客座教授，为新闻学专业本科生授课或进行有关国际前沿的媒介技术的讲座等。

（三）改革学校教师的管理和晋升机制

针对国内高校全职教师普遍缺乏业界从业经验的问题，建立起全职教师长期和短期离岗/在岗任职、交流机制，促进高校教师与业界人才的交流。如在教师职称晋升上，规定晋升教授职称的在岗教师累计业界从业年限不得低于三年等，鼓励在岗教师进入相关行业锻炼实践能力。同时放开现有教师管理和考核机制，对于缺乏业界从业背景的教师，鼓励其入职锻炼，设定年限为三年，对于这些离岗人员，专设"业界挂职锻炼岗"，划属学校专职编制，采取按需审批制。三年后离岗人员可以办理返校手续继续回校任教，也可以办理离校手续继续在业界工作。离岗期间，也可以参加学校正常的职称和职务晋升，包括行政职务竞岗。此外，院系出台相应政策，鼓励教师短期在岗交流，通过项目制或者借用制等形式，让在校教师"走出去"，时限短则一周，长则半年不等，同时在岗交流经验可以累积到长期离岗经验中，凡累积达三年，也可以凭此竞聘教授职称等。项目制下，在校教师与合作单位签订项目劳务合同，为企事业单位提供智力支持，但需要继续承担学校安排的正常的教学和科研任务；借用制下，类似于离岗入职，可以提前三天到一个月不等向学校和院系提出申请，经批准后，可以短期赴合作单位交流合作，共同解决业界在实践中遇到的难题，院系在教师交流合作期间将适当减免其教学和科研负担，教师个人编制和待遇不变。通过教师管理、考核和晋升制度上的改革，为在校教师真正"走出去"扫除后顾之忧，甚至通过制度设计，倒逼科技传播教师走出学术研究的小圈子，通过长短期相结合的方式，熟悉业界实际操作流程和工作方式，以及业界最新的热门话题，全面丰富全职教师的实践经验。

九、完善教学质量保障体系

（一）改革课堂教学模式和评价体系

1. 利用"翻转课堂"教学法

我国高校的新闻传播学科大多采用传统的授课方式——老师讲，学生听，缺少彼此之间沟通和反馈的环节。"翻转课堂"教学法利用网络技术改善了此状况，互联网的发展是"翻转课堂"教学法的技术依托。

"翻转课堂"教学模式改变了以往固定的面对面授课模式,不再受地点和时间的束缚,学生可以在上课前借助网络视频学习材料自学,在课堂中学生可以通过和老师或者同学互相讨论来完成知识的消化,从而使知识的获得不仅仅拘束在"教室内",实现了向"教室外"的"翻转"。由此可见,教学场地的变化是翻转课堂最根本的转变,网络技术的进步与发展使教学场所有所延伸,从线下扩展到线上。教师讲课的场所和学生学习的场所都得到了翻转。

2. 教师结合课堂表现与学生自评

传统的教学评价多是以笔试成绩为主。新闻传播学是一个既重视书面表达能力又重视口头表达能力的学科,单纯注重学生的笔试成绩是不可取的。课堂表现和作业的完成情况也应该作为对最终学习效果的考核。

"翻转课堂"的互动环节需要至少两个人才能开展,教师可以通过微信小程序的功能在班级开展线上投票,定期选出最优秀的小组,将同学的评价纳入教师考核的参考标准当中。此外,学生也可以自发建立自我评价机制,通过"写日志"的形式记录课堂的学习体会与心得,总结阶段性学习的不足,也可以将其发送至微信班级群与大家共享和交流。

(二)提高教师考核标准

教师是教学活动中的中坚力量,承担着建设新闻传播学科的责任,提高教师考核的标准是各高校新闻传播学院人才培养转型工作的重点之一。高校对教师教学质量的考核不能只局限于一学期上多少节课,还应注重课堂的教学内容,根据教学内容、教学形式对其教学进行打分,并列为最终的教师考核的参考标准之一。

比如清华大学为强化教学评估体系与教学督导工作,定期结合教学实施过程中的实际情况进行教学研讨,调整课程设置,根据实际及时调整培养目标和具体的实施方式,不断完善培养方案,为学科健康发展、领先发展服务。清华大学新闻与传播学院于2017年10月成立教学督导组,分别形成校、系两级教学督导制,扩大教学督导队伍及覆盖面,旁听任课教师的授课并针对课堂内容和形式提出改进意见,作为学生评教结果的补充。

目前,很多高校都设置了学生对教师进行评分的活动,但是大部分效果并不理想,主要是因为很多高校的评分只是形式化工作,评分结束就结束了。学校

新媒体时代的国际传播研究

应该针对学生的建议与评分不高的老师进行及时的交流和沟通，找出真正的问题所在。

十、搭建教学实践平台

开设有科技传播专业的各高校，可以在现有的平台建设基础上，进一步整合和链接校内校外各种相关资源，建设新媒体环境下与科技传播相关的网站、资源库、实验室和研究中心等，实现资源共享的最大化，为学生提供更为便捷、优质的基础学习平台和实践平台。针对不同培养方向和目标的科技传播专业学生，高校可以建设诸如本科教学实验室、数字文化教学实验中心、数字化传播实验室和MOOC平台与运行体系等帮助新媒体环境下的科技传播专业学生更快地掌握相关实践技能。

（一）本科教学实验室

建造本科教学实验室，为本科生学习和掌握计算机技术，在新媒体环境下开展科技传播提供教学场所和设备，不断更新计算机等硬件设施。本科教学实验室在科技传播教学工作中可以发挥重要的作用，多门计算机基础与应用课程、数字媒体技术类课程、传播理论类的实验课程均可以在该教学实验室进行，有助于取得较好的教学效果。

（二）数字文化教学实验中心

数字文化教学实验中心，可以以科技传播相关专业为依托，作为全校跨专业的交流平台，为科技文化在校园中的普及疏通渠道。在科技传播专业的教学和研究中，可以侧重服务于科技传播的专业课方向，并由科技传播相关专业进行管理。数字文化教学实验中心可以设置一定数量的配置较高的计算机作为公共实验平台，并搭建小规模交流场所（沙龙形式）；硬件设备方面另外配置图形工作站台，用于动画渲染和大规模图形处理，投影仪用于移动演示；专业相机和云台等设备用于搭建虚拟现实系统。

（三）数字化传播实验室

数字化传播实验室主要服务于基于数字技术的传播手段和理论研究。该实验室主要面向研究生开放，也辅助面向本科生开放。该实验室除了拥有普通计算机和服务器外，还拥有高配置的苹果工作站、专业扫描仪、专业数码相机等设备。

数字化传播实验室对本科生科技传播方向的教学、双语教学能够做出积极有益的贡献。

(四) MOOC平台与运行体系

科技传播大规模网络课程(MOOC)平台建设应定位于"校媒联动、统一管理、资源共享"的网络教育大平台,可支持百万级用户在线学习,同时覆盖同行评审、小组合作、在线考试等功能,并可引入学分制,实现学生课程学习的在线考核和效果反馈,完成培养过程中的双向互动。

第七章 新媒体时代国际传播的发展趋势

在新媒体时代,新媒体使世界各地的人们对信息传播的诉求得到了空前的释放和满足,促使国际传播的新发展趋势演变为超国界的全球传播。本章分为新媒体国际传播的融合趋势、新媒体国际传播的移动化趋势、新媒体国际传播的商业化趋势、新媒体国际传播的多元化趋势四个部分。

第一节 新媒体国际传播的融合趋势

一、新媒体国际传播媒介的融合

(一)传播媒介融合的可能性

1. 科学技术的迭代与升级

舍恩伯格在《大数据时代》中写道:随着互联网技术的发展,大数据成为时代发展的热点,当今社会媒介融合成了必然的趋势。可以说,技术既为融合提供了基础条件,同时又是推动融合的动力因素,而融合也再一次证明了麦克卢汉"媒介既讯息"的经典论断。

虚拟现实技术(简称VR)无疑是当今科学技术发展的重大成果。虚拟现实技术在现实生活中使用数据,通过计算机技术产生电子信号,并将其连接到各种输出设备上,以便将其转化为一种人类能感受到的现象,用户可以体验世界上最真实的虚拟现实情绪,模拟的环境很难与现实世界区分。VR在新闻节目中的应用,是近年来世界范围内研究虚拟现实技术应用的又一尝试。多年来,"虚拟现实教母"诺妮·德拉佩纳在南加州大学利用VR将科技产生的新闻定义为,

第七章　新媒体时代国际传播的发展趋势

"一种新闻生产形式,使受众能够获得被描述为新闻的事件或情况的第一人称体验",并称之为"沉浸式新闻"。

中央广播网的技术已向专业化、规模化和自动化方向发展,以期实现可管理、可核查的,可自主运维和可持续发展的技术平台构造。中央人民广播电台(以下简称"央广")在十多年的发展过程中,积累了大量的技术开发和运营经验,实现了技术平台的自主开发和运维,能够进行需求分析,不同技术平台的系统设计、架构选择、部署准备、项目过程管理、系统集成、应用开发、项目实施、项目运维、技术服务输出等方面经历了一系列重要的改造和升级后,已经能保证较为稳固的产业支持。同时继续依靠专业技术,在以后的发展阶段,将私人广播网的所有资源整合到一个更大的区域公共资源库(两个地点和三个中心)中,并建立一个以央广为中心,以自主研发为主、协同研发为辅的协同平台,将应用系统打造成中国广播枢纽,形成SaaS(软件即服务)能力。

从平面到立体、从二维到三维,从新闻采编使用的摄影录像器材,到后期制作的工具软件,再到新闻产品的发布,技术贯穿全局。随着新媒体技术的发展,在新闻生产过程中所应用到的工具将不断重复优化和淘汰的迭代过程,以保障新闻产品的质量及呈现效果;而技术的进步也会推动新平台的产生和融合,新闻产品从最初的报纸、电视、广播等向多媒体产品发展。在两会中,央视新闻利用自身的媒体技术优势和新兴的传播技术手段,在新发展战略的指导下,实现了多个技术手段之间的结合,对传播手段不断进行创新,研发出了一系列灵活便捷的新兴媒体产品。在5G技术快速发展的今天,央视新闻实现了5G技术和媒体手段的结合,改变了原有的产业模式,实现了优势互补。2019年10月1日,央视在史上首次使用4K超高清全景直播阅兵盛况。融合发展需要技术提供保障,对于新闻传播生产流程来说,科学技术贯穿于每个环节。科学技术的发展为渠道的拓宽提供支撑,为受众需求的实现提供载体,为新闻产品样态的创新提供工具。

2. 用户需求的变化与发展

受众对于传播者具备一定的控制作用。与把关行为相对的,受控情况一般更多是来自外界的传播制度与媒介控制,例如政治制度、经济控制、受众控制和传播媒介内部控制。虽然主流媒介的受控基本来自外界的制约,但它仍是媒介控制行为的一部分,对传播者的行为具有推动作用。用户需求的发展作为受众控制的一部分,对主流媒体的把关行为产生了一定影响,改变了其"把关"行为的标准和对新闻生产各环节的干预与制约。

 新媒体时代的国际传播研究

新事物的产生必然伴随着使用者的需求变更，同时，大众对于视听内容的需求也随着科技的进步日益多元。当前的融合阶段，受众对信息的需求也发生了变化，这种变化涵盖了信息的来源、内容、表达方式、发布方式及发布渠道等。除此之外，当前的受众需求也呈现出鲜明的受众细分特征。

随着媒体技术的不断进步，媒体内容的获取形式也变得更为便捷，传播的手段也开始朝着信息化的方向发展。随着信息时代的来临，受众已经从被动的受众变为主动的受众，受众拥有更多话语权。因而，要求媒介产品也应该具备互动性、及时性等特点，达拉斯、斯麦兹也在受众商品论里指出，受众的注意力才是媒介企业真正的商品。所以，只有满足了受众需求的媒介产品，才能在新媒体环境下存活。

读者在哪里，受众在哪里，宣传报道的触角就要伸向哪里。站在大众的角度来说，媒体融合的发展能够满足用户各种类型的需求。随着社会的不断发展，人们的需求层次也从物质层面更多地转移到了精神层面。媒体方面，人们不仅仅要求有丰富的内容，对传播手段也有了更高的要求。各类型媒体之间的融合能够促进用户使用体验的提高，观看媒体的内容不再受到时间和空间因素的限制，通过任何手段都能获取到想要的资源。从前的用户只能够被动地选择信息，而随着媒体技术的不断创新，用户也可以在媒体内容获取上占据主动地位。

当前用户需求的变化与发展，尤其是受众需求的细分对主流媒体在新闻生产各个环节的控制与干预方面都产生了新的要求——在新闻内容的制作与包装方面，新的用户需求要求新闻生产主体吸纳更多的"T型人才"，要求新闻生产资源的选择更加有针对性，保证当下的每一个新闻作品都是大众喜闻乐见的内容；在新闻作品的发布环节，受众细分又要求媒体针对不同平台的受众，投放不同的新闻作品，并反推到新闻内容的制作部分，推动新闻产品样态的创新。

（二）传统媒体与新媒体的融合

传播媒介在当代国际传播中发挥着重要的作用，它是完成主体与受众之间交流的纽带，是整个传播过程的中坚力量。我们要充分利用已有的媒介资源，并挖掘新的传播载体，丰富传播方式。在合理利用传统媒介的有利成分的同时，也要发挥新媒体的优势力量，更为重要的是我们要把传统媒体与新媒体进行融合，紧跟新媒体的发展步伐。与此同时，更要联合各方面的媒体的力量，创新传播的形式，架构起多元的媒体传播力量，整合多元的媒介资源，打造高效的传播载体。即我们要"顺应传播生态发展趋势，助力传播效果扩大升级"，借助新媒体技术

第七章 新媒体时代国际传播的发展趋势

把当代国际传播效果最大化。

传播媒介对当代国际传播的顺利进行至关重要。要充分发挥传播媒介的作用，必须注重新旧媒体的融合，即把传统媒体与新媒体的优势进行融合。

习近平指出："推动媒体融合发展，要统筹处理好传统媒体和新兴媒体、中央媒体和地方媒体、主流媒体和商业平台、大众化媒体和专业性媒体的关系，形成资源集约、结构合理、差异发展、协同高效的全媒体传播体系。"可见，融合对于新媒体的重要性，对于传播活动而言，推进传统媒体和新媒体在内容上的有效融合更是重中之重。一方面，继承传统媒体有价值的成分。随着新媒体的出现，传统媒体受到了极大的冲击，甚至有人说传统媒体可以被取代。但是传统媒体在当前依旧发挥着不可估量的作用，其中有利的成分依然可以为我们服务。传统媒体具有严谨和专业的特点，其独特的权威性也更易于让人信服。传统媒体的内容经过了严格的提炼和筛选，显得更为优质，在一定程度上获得了部分受众的喜欢，但也有一定的局限性。传统媒体单一的传播方式，使之与受众的交流有限，导致受众群体难以发展起来。如果单纯利用传统媒体进行传播，其固有的缺点也很明显。

传统媒体如报纸，要经过编辑内容、排版、印刷等程序才能流向市场，这样的周期过长，时效性不强。

另一方面，充分利用新媒体技术的优势。互联网的快速发展，为信息内容的呈现提供了更多的可能性，即为当代国际传播提供了更为方便快捷的传播路径。那么两者的融合方向就是新媒体技术要以传统媒体为基础，利用互联网、数字媒体进行科学的传播，这可以将两者的优势体现出来。把传统媒体的优质内容通过互联网等新媒体进行发布，传播速度更快，利于受众的阅读。另外，这样的模式还可以为受众提供更为多的选择权利，能够进行讨论和评论，并发表意见。

在新媒体背景下，如果单纯选择某一种媒体进行传播，难以适应受众中心化的现状，传播效果也会大大打折。由此，鉴于传统媒体与新媒体具有他们本身的价值，要树立互联网的思维，推进两者在内容方面的深度融合。在推进传统媒体过渡到新媒体中，统一、有效地进行融合，进而促进新媒体的发展。

二、新媒体国际传播渠道的融合

（一）多元媒体的传播联动

多元媒体的联动也就是国际传播的多种渠道的融合。推进当代国际传播不仅仅依靠单一的媒体来实现，仅凭借某一媒体本就具有局限性，难以有效进行信息内容的传播。从受众群体的视角看，不同的媒体性质和语言风格往往会导致受众的接受程度也不一样。

随着新媒体的兴起和发展，我们要借助有利的媒体技术，大力打造多元的传播媒介，丰富传播的渠道。可以推动官方媒体和民间自媒体的联动，发挥他们各自的优势。从官方媒体层面看，当前，大多思想文化的传播还是以官方媒体为主，但实际上，官媒不是传播的唯一渠道，任何事情很难做到面面俱到。如果大小事务仅仅依靠官媒，那从受众的角度看，不一定能全面地增强国际传播的效果，毕竟不是每个受众都能够接受或者认可，即能够吸引的受众群体有限。当然，从另一层面看官媒具有自身的不可替代的作用。一是官媒对待内容制作的严谨性和专业性。二是官媒能够完整表达社会的主流思想。国际传播是社会主流思想的体现，官媒的传播能够展现当代中国的精神面貌。官媒的传播体现出其权威性和可靠性，其发展比较成熟，相关技术运用能力也比较强。同时，民间自媒体也发挥着自有的价值。自媒体在当代国际传播中，可以弥补官媒的不足。一是自媒体传播的形式自由且传播范围广。鉴于自媒体的自由形式，在进行信息内容的传播时容易引起受众群体的关注。在传播方式上以大众形式进行，它的传播覆盖面广，让更多的受众可以轻易获取信息。二是自媒体的传播更加生活化和平民化。自媒体的受众群体大，普通民众占的比重大，传播形式随意，符合了部分受众的内心需要。因此，当代国际传播要发挥官方媒体和民间自媒体的优势，以此拓宽传播渠道。总的来说，一是对于具有国际传播能力的民间自媒体进行引导，使它们积极参与到当代国际传播的相关议题和活动中，以提升和深化官方媒体和自媒体的联动。二是合理引导和规范民间自媒体的传播活动，让其朝正确和符合管理规范的道路发展。

（二）传播渠道的融合

渠道的扩张势必伴随着信息的增加，在新闻生产过程中，新闻内容的信息源也由此扩大了。同时，传播渠道的拓展与融合极大左右了新闻作品的传播方式与

第七章 新媒体时代国际传播的发展趋势

传播效果,对新闻生产中的发布流程、新闻产品样态更新产生了重要影响,主流媒体对传播渠道的把关行为也成为除了对"采写编"的"把关"之外不可忽视的重要部分。

为了争夺移动终端用户,平台化成为媒介融合的方向,传播媒介开始致力于抓好移动端市场,比如开发移动客户,注册管理微博、微信、今日头条等社交媒体账号,走"两微一端发展道路",开展"1+n"模式。这让媒体的内容发布方式变得更加丰富。九寨沟地震中,在记者无法抵达第一现场的情况下,现场当事人成为报道的有生力量,故在媒介融合潮流下,国内媒体如《人民日报》《新京报》等也纷纷开始在微博等移动互联网平台注册账号,每天发表一些来源于网络及公民自发采集的新闻,传统媒体的新闻消息源得到了扩展。

随着网红互联网经济的出现,移动短视频产业也在逐步崛起,除微博、抖音、快手、今日头条外,部分优质UGC厂商也跻身短视频行业的前列,并扩大人才规模,聘请众多优秀的内容制作团队。2017年,短视频行业竞争进入白热化阶段,内容制造商更倾向于PGC专业运营短视频。与微电影和流媒体直播不同,短视频制作没有特定的表达方式和剧组配置要求,它的制作过程简便、成本投入低、实用性更强,能够拥有比直播更为广泛的影响力,更易于传播。短视频制作团队的制作周期更短,高质量的内容对版权和策划技巧是一个挑战,尖端的短视频制作团队通常依靠我国媒体或IP的成熟运作,除了高频率、稳定的内容外,还依靠强大的渠道粉丝。短视频的出现丰富了新媒体的本土广告形式,弹幕网站是次文化的集中营,最初受众也是小众群体,而今却迅速占领了传统视频网站甚至电影、电视平台。究其原因,很大部分源于其传播方式贴近大众的心理需求,一种传播方式必然需要得人心才能得到发展,只有顺应传受双方的心理才会在传播中赢得市场。

如何制定一个新闻产品的传播策略?新闻产品发布于哪个平台?是否需要一定的商业化投放策略?这些需要被主流媒体干预的部分都成为新闻生产前期环节就要考量的要点。社交媒体的快速发展对媒体形式和舆论产生了深远影响。商业社交媒体利用这一发展趋势,开发平台界面,优化内容推荐算法,丰富内容呈现形式。为了适应由用户迁移带来的商业模式变化,主流媒体纷纷进入网络用户集散中心,利用商业平台构建传播矩阵,开通运营微博和微信账号,入驻抖音、快手等短视频平台,努力打通用户。在这些平台上进行新闻报道及新的新闻产品研发,也是主流媒体为适应新形势和实现可持续发展所做的向新媒体转型的尝试,传播渠道的扩展与融合无疑也给新闻生产的革新带来了可能性。主流媒体只有积极响应，尽快掌握一套对渠道和平台的控制手段，才能更好地匹配传播渠道，达到更优质的传播效果。

第二节　新媒体国际传播的移动化趋势

一、移动终端的概念及特质

（一）移动终端的概念

移动终端也被称作移动通信终端，广义上指手机、笔记本、平板电脑、POS机等便携智能产品，但是大部分情况下是指具有多种应用功能的智能手机。现代的移动终端已经拥有了和电脑一样的操作系统，通过连接无线运营网络和无线局域网进行网络上的功能运作，通过它自身的开放性操作平台，能够快速接入网络，实现人机交互完成工作。

移动终端在日常生活中的应用，让信息的传播更加快捷方便，日常生活被数字化信息所覆盖，然而快节奏的生活使文字信息的传播效率下降，碎片化的阅读方式让人们也很难从庞大的数据中有效筛选出自己所需要的信息，这时视觉信息成了主流趋势，它更能成为人们浏览信息的焦点。移动终端的传播，让视觉传达得到了更多的关注并快速发展着，视觉传达在数字化和交互化的影响下，让设计得到了进一步发展。人们对精神方面的需求也更为苛刻，平面化的信息传播不再能满足大多数人的需求，而移动终端的信息传播让视觉沟通再次成为众人关注的焦点，网络经济的发展催生了国际传播，以动态表现囊括数字信息，同时使得信息多元化，满足了大众的浏览需求，让信息及时得到了有效准确的传播。

（二）移动终端的特质

在无线互联里，终端的重要性不言而喻。移动终端或者叫移动通信终端是指可以在移动中使用的计算机设备，广义地讲包括手机、笔记本、POS机甚至包括车载电脑，但是大部分情况下是指手机或者具有多种应用功能的智能手机。在移动信息时代，移动终端正在从简单的通话工具逐渐变为一个综合信息处理平台。今天的移动终端不仅可以通话、拍照、听音乐、玩游戏，而且可以实现定位、信息处理、指纹扫描、身份证扫描、条码扫描、RFID扫描、IC卡扫描以及

第七章 新媒体时代国际传播的发展趋势

酒精含量检测等丰富的功能，逐渐成为移动执法、移动办公和移动商务的重要工具。

①互动性。跨数据端平台的传播方式正是移动终端目前最大的优势。传统的移动终端的使用复杂繁琐，数据传输需要通过 USB 数据连接的方式，信息互动单一化，信息网络的极速发展让移动终端具备了跨平台无门槛进行数据交流的能力，让这个时代实现了实时互动。

②实时性。网络通信的高效率让实时交流变成现实，而移动终端的出现更是增强了通讯传输的实用性，而数字化信息让网络数据可以随时随地储存，让用户可以随时获取实时信息动态。

③多样性。互联网技术将地球变成了"地球村"，而移动终端则让"村民"可以随时随地进行交流，除了拉近了沟通距离，还让信息交流更为丰富，照片、视频、音乐等媒体素材以不同形式的组合出现在各个媒体平台上。移动终端还提升了人性化的设计，根据个人的需求进行设置，其多样性可见一斑，而这样丰富有趣的信息传播方式也让文化在网络交流上朝着一个健康的方向发展着。移动终端媒介补偿增强了国际传播的多媒体性。

对于移动智能终端来说，用户是受众和传播者的结合，他们使用的不仅是终端本身所提供的通信、上网等智能服务，同时还使用着媒介随时随地带给他们的即时信息。由此可见，移动需求成为第一需求。从需求端看，受众的信息需求正在从以静态需求为主向静态需求与移动需求并存转变。从发展趋势看，移动需求正成长为第一需求，新媒体发展要以满足移动需求为核心。从移动需求这个标准来衡量，苹果的市值超过了微软，还有另外一种样本意义，那就是移动需求的市场价值正在超过固定需求。在移动互联网领域，无论是做终端、做平台或是做内容，如何通过深度分析用户属性以及媒体使用习惯来挖掘用户价值；如何突破"屏"障，改进用户体验，满足用户多元化需求；如何根据移动互联网特色，缔造差异化的竞争优势，达到精准化有效传播的效果，都是未来新媒体发展战略的重要命题。

二、新媒体国际传播的移动媒介

（一）以"新浪微博"为首的开放式内容社区

移动互联网技术的进步和移动终端的普及，进一步降低了信息的传播门槛，丰富了信息传递的方式，以"两微一端"为主的新媒体平台在信息的呈现上具有明显的碎片化、大众化特点，一定程度上有利于新闻的多角度呈现。根据此类内容社区的产品特性，主流媒体可选取相应的新闻作品进行发布，并借势达到更好的传播效果。

①新媒体平台碎片化的传播。"两微一端"等平台对于新闻的完整度的要求略低于传统的电视新闻或报刊产品，在保证新闻真实性的基础上，更利于做新闻背后的"新闻"或对已发生的新闻事件做后续解读。近年新闻反转事件频出，新闻媒体在审视自身的基础上也学会了"让新闻飞一会儿"，受众也不仅仅满足于即时的新闻信息，转而更加关注后续可能发生的变化，或其他角度的解读。对此来说，"两微一端"等社交平台无疑是新闻发酵过程中不断为公众输出信息的主要平台。

②搭载音视频内容的立体化传播。在互动活跃、人人都有"麦克风"的平台，信息的裂变尤其容易，打造一个立体的新闻产品是极为容易的。借助"两微一端"平台的"分享"裂变，信息的传播往往更加容易。

③平台的特殊工具。目前，不同社交平台大多有一套自己的工具系统，就算是功能相似的平台大多也有独家的特色工具。例如抽奖工具就是新浪微博平台非常有特色的工具，而这些新媒体平台特有的分享裂变工具也能被新闻媒体利用。

（二）以"快手""抖音"为主的移动短视频 APP

短视频平台有独特的平台调性，其内容以短视频的方式呈现，因为短视频特有的碎片性和短暂性，故而它的标题文字一定要有爆炸性，要用异常夸张的手法简洁明了地总结概括出标题。这样才能抓住受众的眼球，获得流量。另外，短视频中的声画运用也是极为重要的，特别是背景音乐与内容是否相辅相成，是影响观看效果的重要一环。

近几年，随着短视频文化的兴起以及广电 MCN 的崛起，移动短视频平台逐渐变成了社会的流量聚集地。2019 年 8 月央视《新闻联播》入驻快手、抖音等短视频平台，在各大平台建立官方账号发布新闻内容，并且在新闻内容、语言风格上走轻松幽默的路线，活泼可爱而不失雍容大方，也更符合当今年轻人的口味，因此很快圈粉上千万，现在的粉丝数已经上亿。央视新闻主推的《主播说新闻》更是得到了广大用户的拥护和认可。2021 年的国庆阅兵仪式，由主播发起的"国庆阅兵倒计时"更是风靡一时，引发了一大波网络的互动热潮。

(三) 以"哔哩哔哩"为首的弹幕视频网站

自从2007年中国第一家弹幕视频网站AcFun成立,目前弹幕视频网站在中国的发展已有十来个年头。目前,常规的视频网站如土豆、优酷、爱奇艺等,均已添加了弹幕系统,紧跟哔哩哔哩的步伐。

弹幕系统是一种及时性回馈的操作工具,弹幕系统具有即时性、多样性,很大程度上满足了用户对所观看的视频做出及时反应的需求,是20世纪60年代以来受众中心论的产物。弹幕视频网站在受众交互方面的特点是高互动性。弹幕视频网站的受众往往为了获得围观的观影感受,为了找寻同类,为了获取信息及追求娱乐而使用弹幕系统发送弹幕。以代表性较强的弹幕视频网站哔哩哔哩为例,我国党媒的新闻传播活动,在这个网站上也可见一斑。

不同于电视新闻频道及微博等平台,主流媒体在弹幕视频网站上的新闻发布更显生活化及娱乐化,其内容的选择也有相应区别。主流媒体作为官方窗口,在其严肃认真的基调上应辅以活泼的气氛,以体现其亲和力与魅力,在这一点上,弹幕视频网站尤其具有得天独厚的优势。

第三节　新媒体国际传播的商业化趋势

一、新媒体国际传播的商业化运作

当前国际传播发展最明显的一个特征就是传媒的商业化运作。新媒体的商业化浪潮已经席卷了从北美到欧洲,再到亚洲几乎所有国家的传媒行业。这股潮流的发源地是美国。在美国传媒"商业为本"的发展理念的冲击下,其他国家的传媒不得不改头换面,通过走商业化这条路来促进自己的发展。例如,一向是公共广播电视典范的英国广播公司(BBC)也开始了商业化尝试。在巨大的财政压力之下,BBC曾和在经营卫星和有线电视方面具有丰富经验的私营企业Flextech合资开办了四个商业化的主题性频道,即黄金剧频道、地平线频道、时尚频道和竞技频道。

二、新媒体国际传播的商业化含义

新媒体国际传播的商业化包含以下三个方面。第一,商业化运作的最终目的是盈利,盈利高于一切。媒体的收入主要来自广告商,而广告的价格取决于报纸的发行量和广播电视的收听率、收视率。于是,发行量、收听率、收视率成为私营媒体的生命线。第二,传媒的所有制由国有制纷纷转向私有制,私营媒体的数量空前增加。第三,媒体的生存依赖广告。媒体的服务对象也从受众变为广告商。从当前的趋势看,传媒商业化运作模式已经成为国际媒体通行的模式。事实上,传媒的商业化运作是一把双刃剑,在带来传媒发展"一片繁荣"景象的同时,也不可避免地会带来诸多弊端。

三、新媒体国际传播商业化的弊端

①对新闻事实的客观报道,对公共事务的理性讨论,促进社会各界全面沟通,价值取向的多元和普遍的全民性服务等理论与实践,曾经是欧美媒体业引以为荣的民主原则,商业化的运作则动摇了这些原则。商业化运作把媒体产品简单地看作商品,把媒体与受众之间的关系简单地看作买卖双方的关系。媒介的使命感逐渐淡化。

②媒体真正服务的对象从受众转向广告商。受众当然是重要的,没有受众就不可能有广告。但增加广告收入毕竟是媒体的终极目标,当受众利益和广告商的利益发生冲突时,媒体就会倾向于维护广告商的利益。

③娱乐化以其不可阻挡的潮流席卷了西方媒体。商品要想销售出去必须有一定的市场占有率,而保持市场占有率的前提是商品具备通用性。如果有一种商品,不分国界、不分民族、不分种族,男女老少、各行各业人士都喜欢,那就有了占有很高市场份额的可能;退而求其次,不能让所有人喜欢,至少在很大群体中受喜欢,那也能占有较高的市场份额。对媒体来说,在各类节目中,娱乐节目是最具通用性的,因为寻求快乐是所有人的本性。媒体的娱乐化成了几乎所有商业性媒体的共同选择。

第四节 新媒体国际传播的多元化趋势

一、跨媒体、跨行业、跨平台的多元化经营趋势

跨国媒体公司从跨媒体到跨行业、从单一的经营新闻到多元化经营经历了很长一段时间。但这种趋势已变得越来越明显,步伐越来越快。许多跨国公司纷纷

第七章　新媒体时代国际传播的发展趋势

看好媒体产业，利用自身的资金优势，进入媒体产业。有的收购报纸、广播、电视，有的甚至出现了主要业务的转型。国际媒体的商业趋向越来越明显，媒体行业的界限也越来越模糊。

所谓跨平台联动即平台之间的数据互通，运用多平台联动打造一个系列新闻产品或新闻话题活动是当代主流媒体积极吸纳科技的硕果进行自我改造的优良成果。

新闻传播学界关于"媒介与社会关系"的研究渐成气候，视觉化传播是电子媒介技术发展的产物，电子媒介技术（如5G、人工智能、VR、AR、MR等）的迅速发展，在未来会对新闻传播产生至关重要的影响。例如人工智能技术将在很大程度上缓解人类大脑信息以及电脑信息过载的问题，帮助人类去寻找更可行的解决方案。5G技术作为未来最基本的通信技术，将解决之前2G、3G、4G网速慢、功耗大、信息延迟等问题，为大家提供更好的体验。其他的如VR、AR、MR等技术，虽然存在受制于网速的问题，但同时也会进入高速发展的时期，使新闻传播更具规范性和便捷性。技术赋能让直播、短视频、云录制等多形态的新闻报道成为可能，用户不再仅仅作为单纯的观众、听众或读者，通过观看电视新闻、收听新闻广播、阅读报纸来获得新闻信息。AI主播也成为当前我国主流媒体新闻报道样态创新路上的重要一步，主流媒体应强化自身优势，利用其他媒体无可比拟的资源优势及官方影响力，在新闻报道的样态上不断摸索与创新，形成一个多渠道、共平台、多终端的新型运营格局，为其他媒介的发展提供战略支撑。

在5G时代，实现万物互联之后，数据和场景的复杂度更是成倍增长，数据和场景的复杂度的增加，都给互联网带来了许多的问题。如数据管理不当问题、信任问题、安全问题以及隐私保护问题。区块链技术是一项具有颠覆性的技术，它将不仅仅改变新闻传播的生产、传播和互动回馈三方面的机制，同时也会大幅度提高用户数字资产方面的价值，更好地保护用户隐私，对敲诈举报、虚假新闻等不良现象提出更合适的解决方案。

二、国际传播的社会多元价值观趋势

在经济全球化的背景下，社会价值观变得越来越多元化，对于国外先进的价值观应予以借鉴并进行创新融合，使之具有中国特色而又符合世界的表达形式。构建当代国际传播内容是一个不断创新的过程，也是与世界多元价值观相互碰撞、相互交流以及相互借鉴学习的过程。多元价值观一方面存在合理的、有益的成分,另一方面也存在落后和腐朽的成分,要一分为二地看待。我们要运用新媒体技术筛选出优质内容,挖掘出合理的思想进行补充,使之与新媒体进行有效对接和融合,把最有价值的内涵传递给受众,增强传播效果。

(一) 国际传播的主流媒体建设

当前国际社会中有的主流媒体已经率先将广播、电视、网络合为一体,有的主流媒体则建立了"蜘蛛网式"的传播格局,而有的传统主流媒体跟不上时代潮流,已经被淘汰。全媒体时代不断向前推进,推进国内媒体和国外媒体、传统媒体和新兴媒体实现深度融合,已经是不可逆转的时代潮流。要注意的是媒体融合不是各媒体形态的简单相加,而是要在树立全局观念的基础上加强顶层设计,统筹谋划。要实现媒体深度融合,必须强化互联网思维,坚持国家站位,为满足国家的发展需要服务。融合后的媒体要为人类命运共同体建设做出贡献,要能够配合国家开展对外交流活动,持续推出有国际影响力的新闻、广播节目和影视作品,向国际社会展示好国家形象。媒体融合要注意以内容为主体,以技术为支撑,以服务为导向,以机制为基础,最大程度上统筹社会效益,提升国际传播内容的质量。主流媒体要注意强化品牌意识,用世界人民听得懂的话语来讲好中国故事。品牌的内容要紧紧围绕中国具体实际和国际热点问题,善于引导国际舆论,积极澄清不实言论,壮大舆论势力。地方媒体也要积极营造舆论生态环境,针对社会热点问题进行调查研究,最大程度消除负面影响,同时要为地方经济发展服务,为地方企业提供品牌展示平台,助力企业品牌走向国际。统筹推进地方媒体与主流媒体的融合、国内媒体与国外媒体的融合、精品内容与严格管理的融合,为当代国际传播搭建好平台,营造好生态环境。

(二) 开发和创新当代的国际传播载体

传播载体是价值观的隐性表达方式,价值观国际传播的最高境界就是实现"润物细无声",巧妙地将价值观赋予相应的传播载体之中,潜移默化地影响国际受众。近代"西学东渐"过程中,教会学堂和教会医院的设立,报刊、书籍的发行以及"活载体"传教士都是最有效的载体,要充分利用这些载体和手段,淡化意识形态色彩,让国际受众在不知不觉中受到影响。第一,要打造文化精品,灵活运用文艺作品。习近平总书记曾说:"只要文艺作品有正能量、有感染力,能够温润心灵、启迪心智、传得开、留得下,就是优秀作品。"隐形表达是一种全球公认的表达方式,中国在推动国际传播中也要善于运用中国的优秀文艺作品，运用中国元素打造出符合西方国家审美水平的文艺精品，比如创作一批以中国汉服、中国民族舞、中国美食、中国建筑和中医等元素为主要内容的文化产品。另外，将"勤奋""自强不息""爱国主义"等价值观巧妙融入杂技表演和电视影片之中，直接有效地传递给国际受众，避免发生语言和文化冲突。同时，以国际重大事件的发生为契机主动传播当代价值观。

推进国际传播媒体与载体的深度融合也是国际传播最有效的方式，在传播、塑造好中国形象方面发挥的作用越来越大。

三、国际跨文化传播的多元化发展趋势

跨文化传播是国际传播研究的重要领域和视角，"当一种文化的成员发出的信息被另一种文化的成员所接收，便产生了跨文化交流"。爱德华·霍尔在其著作《无声的语言》中首次提出了"跨文化传播"这一概念。他认为，文化背景影响人们的日常行为习惯，导致交往出现差异。美国学者萨默瓦等人在《跨文化传播》中表示，"跨文化传播是人际交往活动以及信息传播活动，但活动的主体是生活在不同文化环境和背景下的社会成员，同时也包括文化要素在全世界范围内的流通、扩散、变动的过程，以及这些活动对不同群体、不同文化、不同国家甚至人类命运共同体的影响"。在经济全球化背景下，国际上的跨文化传播成为一种不可避免的交流常态。不同话语体系下各个国家的交流与碰撞，既会带来文化的融合与变迁，也可能导致国际上跨文化冲突的产生。在当今"地球村"趋势下，各国的跨文化交流成为一种常态。而媒体作为传播国家意志、引导国际舆论的重要工具，是国际传播及跨文化冲突事件中极为有力的武器。因此，剖析我国企业对外传播话语中存在的不足及与西方媒体报道话语体系的差异，深刻了解国际传播中的话语机制，对加强中国企业的国际传播能力具有重要意义。

（一）文化适应——弥补语境差异

在文化层面，语境是群体内部语言体系中特有的话语表征。根据爱德华·霍尔的理论，以东方文化为代表的"高语境文化"强调语境对意义的重要性，意义隐含在语境和关系当中；而西方社会的"低语境文化"则更加重视语言符号本身既定的意义，与语境的关联不甚紧密。在国际传播中，文化因素决定了传播客体对信息的接收和理解程度，密切影响传播主体的传播效果。当"高语境文化"与"低语境文化"在同一语境内进行交流，跨文化的差异性可能会导致双方的话语冲突，降低信息的传播率和转化率。受世界政治格局和国家地位的影响，国际社

会的话语秩序仍由西方国家主导，主流话语体系为契合西方国家语言和认知习惯的话语模式，而中国企业的话语往往与西方世界的话语体系相矛盾，导致企业海外危机国际舆论被美国等西方国家所控制，使企业海外危机的影响进一步扩大。

在"西强我弱"的国际话语格局下，中国要想同西方世界进行对话，通过企业话语表达观点、消解国际危机，首先要遵从既有的国际话语秩序，展开话语弥合，形成契合国际社会认知模式的对外企业话语。国际传播学者萨默瓦认为，"文化与传播，如同声音与回音"。中国应保持对他国文化的尊重，并在此基础上进行文化适应，结合当地文化特点，针对性地调整跨文化传播策略。根据爱德华·霍尔的"编码解码"理论，大众传媒通过对信息的选择和加工为事物赋予意义，传播中的编码和解码过程即意义被传递和理解的过程。在国际传播活动中，应善于运用比喻等表达手法，将话语意义进行符号化表征，即信息的编码，使其通过国际共识秩序下的符号系统进行传播，进而在解码过程中提高国际受众对信息的接收和理解程度。

由此，中国要在西方国家主导的国际话语体系下提高国际传播能力，需要遵从既有的国际话语秩序，以共通性文化为传播基础，利用符号化、象征化等话语方式，同传播受众建立起话语秩序和理解认知的共识，进入双方共同认可的话语体系，实现话语意义的编码和解码。通过跨文化的适应和对接，弥补同传播对象之间的语境差异，进而提高中国企业的国际传播效率。

新媒体环境下官方媒体形成的"官方舆论场"垄断传播渠道的局面受到了挑战，信息传播的主导地位被弱化，互联网中自媒体和各种论坛等形成的"民间舆论场"也逐渐拥有话语权，越来越多的企业机构甚至个人开始成为意见领袖。两个舆论场各自存在但不对立，通过发挥自身的传播优势有利于重塑跨文化传播语境。仅靠中国官方媒体的"自塑"未必可以真正触达海外受众，社交媒体的参与性、复向传播性、对话性和圈子性有助于提升国际传播的认同感、覆盖率、亲和性和黏合度，使其成为跨文化传播的重要场域。因此非政府组织、非官方媒体、非体制内的意见领袖等都可以借助国际社交媒体平台，向世界展示中国的历史与文化。比如在国外社交网站平台上的中国 UP 主们，从美食、美景等多个角度向全世界展现中国文化与艺术。尤其是我国抢占了短视频发展的先机，这些用户都可以是中国历史文化的潜在传播者，利用这些平台的互动特征可以建立与受众的情感连接、明晰海外受众的情感所指，有利于考察跨文化的传播语境与背景。

（二）共性文化——寻求文化认同

在国际传播中，常常是传播者将本国的文化、价值观内涵等文化符号进行编码，并存放在影视这个媒介中，而不同文化背景下的受众又根据自己的理解进行解码，因此在两种文化符号的碰撞过程中，误解、误读是经常发生的，我们要重视对中华文化的"编码"过程，以此来避免可能出现的文化误解的现象。

不同文化背景下的受众有着不同的审美定位，我们应根据不同的海外观众的口味对影视内容进行精心设计，以受众需求为导向实现传播范式的转移。例如在影视行业用古装剧的传播打开东南亚市场，以喜剧片打开南亚市场，以现实题材的纪录片或影视作品打开西亚市场，以历史剧打开中东欧市场，以现当代影视作品打开非洲市场，只有在传播过程中以当地的文化传统为契合点，中国影视才能真正深入民心。

对于国际传播中的"文化折扣"的解决策略，喻国明老师从传播学角度指出，减少和消除"文化折扣"的机制与操作逻辑，必须着眼于信息触达、信息解码、信息认同这三个关键性传播节点。其中信息解码是承接信息发出者和信息接收者的关键一环，影视语言的翻译是信息解码的一种重要手段。

四、国际传播所有制的多元化趋势

国际传播界尽管各国传播体制各不相同，但是就传播的所有制而言无非三种形式，即国有型、公有型和私有型。国有型是指广播电视事业由政府出资建设，并在政府的控制、管理和领导下开展广播电视业务的经营活动，广播电视管理机构是政府的一个部门。虽然受到世界范围的私有化影响，许多国家仍然保留一部分媒介为国有，尤其是主要从事广播电视国际传播的媒介，如美国之音、德国之音等。公有型是指广播电视不直接由国家管理，而是由依法建立的公共委员会管理。这个委员会具有社会法人地位，通过国会或议会对公众负责，并以法律协议的形式规定其权利与义务，这类广播电视媒介基本上也负有国内传播的任务，如英国广播公司（BBC）、日本广播协会（NHK）、美国公共广播系统和澳大利亚广播公司等。私有型往往是个人、家庭或股东所拥有的私人企业，将广告收入作为主要乃至全部经费来源，并受强烈的商业动机所驱使。私有型媒介虽然一般在主观上并不负有国内传播任务，但往往会在客观上取得一定的国内传播效果。如美国的四大广播公司、英国的独立广播电视台和日本除NHK以外的其他广播电视媒介等，都属于私有型广播电视媒介的范畴，它们更多地体现了私人垄断资本

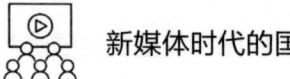

的特点。

五、国际传播目标的多元化趋势

在过去,媒体国际传播的功能比较单一,例如通讯社基本上是传递和发布信息,包括金融信息。国际广播往往是政府的政治宣传工具。但是随着新媒体的发展,其功能不断得到拓展,呈现多样性趋势。尽管在当前,国际传播的首要任务——政治宣传的任务仍旧没有改变,各国传媒的对外传播都是直接为外交政策服务,例如像美国的VOA、英国的BBC、德国之声和法国国际电视台等重要国际传播媒介,始终将政治宣传作为其首要的工作任务。但是这些国际传播机构也开始重视对经济、文化信息的传播,其目的是在当前国际经济竞争日趋激烈的环境下,通过国际传播向世界介绍本国的经济和文化环境,从而吸引外国投资,促进国内经济的发展。因此当今的国际传播的目标已经不仅仅局限于政治方面,还包括经济、文化、商业等方面。

参 考 文 献

[1] 吴瑛. 中国声音的国际传播力研究[M]. 上海：上海交通大学出版社，2016.

[2] 梁小昆. 互联网思维模式下的新媒体[M]. 北京：中国传媒大学出版社，2016.

[3] 刘小华，黄洪. 互联网＋新媒体：全方位解读新媒体运营模式[M]. 北京：中国经济出版社，2016.

[4] 曹世华. 新媒体技术应用与实践[M]. 杭州：浙江大学出版社，2017.

[5] 刘珊. 大数据与新媒体运营[M]. 北京：中国传媒大学出版社，2017.

[6] 王松，王洁. 移动互联网时代的新媒体概论[M]. 上海：上海交通大学出版社，2018.

[7] 杜彬. 网络新媒体时代舆情引导研究[M]. 延吉：延边大学出版社，2018.

[8] 郭栋. 网络与新媒体概论[M]. 西安：陕西师范大学出版总社，2018.

[9] 孙宜学. "一带一路"与中华文化国际传播[M]. 上海：同济大学出版社，2019.

[10] 周海波. 新媒体时代的文体美学[M]. 广州：广东高等教育出版社，2019.

[11] 黄益. 互联网时代背景下新媒体营销策略研究[M]. 长春：吉林大学出版社，2020.

[12] 赵玉岗. 媒介融合背景下新媒体发展研究[M]. 北京：中国原子能出版社，2020.

[13] 刘倩. 新媒体技术标准的形成与扩散[M]. 广州：暨南大学出版社，2020.

[14] 刘淑妍，陈毅立，刘怡菲. "一带一路"与中华语言文化国际传播[M].

上海：同济大学出版社，2020.

[15] 顾理平. 新媒体传播中的法规与伦理［M］. 北京：中国传媒大学出版社，2021.

[16] 问题，刘国轶. 运用新媒体提升中国国际传播力的有效性［J］. 现代传播（中国传媒大学学报），2012，34（12）：108-111.

[17] 钱晓文. 新媒体时代传媒国际传播力构建解析［J］. 编辑之友，2014（12）：43-47.

[18] 谢敏. 新媒体环境下中国文化价值理念国际传播要素分析［J］. 新媒体研究，2015，1（11）：45-46.

[19] 毕建录. 新媒体环境下的国际传播与国家安全［J］. 新闻传播，2016（10）：61-62.

[20] 蔚力. 关于中国国际传播力中新媒体的应用［J］. 新闻传播，2016（20）：70-71.

[21] 杨晶，吴文艳. 中国价值观国际传播的新媒体平台构建策略［J］. 中国广播电视学刊，2018（09）：99-102.

[22] 李志华. 新媒体时代国际传播发展路径思考［J］. 中国报业，2018（17）：52-53.

[23] 吴超. 新媒体时代国际传播能力提升策略探讨［J］. 西部广播电视，2018（24）：48-49.

[24] 刘滢. 新媒体环境下国际传播的转向与重构［J］. 新闻与写作，2018（10）：78-81.

[25] 李智，刘萌雪. 新媒体时代国际传播的社会化转型［J］. 对外传播，2019（12）：43-44.

[26] 王修远. 新媒体环境下国际传播策略研究［J］. 传播力研究，2020，4（08）：26.

[27] 李宇. 新媒体背景下国际传播的理念变革［J］. 中国广播，2020（06）：69-72.